Christian Wolff

Osterweiterung

Leben im neuen Deutschland

EVANGELISCHE VERLAGSANSTALT
Leipzig

Christian Wolff, Jahrgang 1949, studierte Evangelische Theologie in Wuppertal und Heidelberg. 1973/74 war er Vorsitzender des Allgemeinen Studentenausschusses (AStA) an der Universität Heidelberg. Nach dem Vikariat trat er 1977 die Pfarrstelle an der Unionskirche in Mannheim an. Seit 1992 ist er Pfarrer an der Thomaskirche Leipzig. Christian Wolff ist in vielen Bereichen des öffentlichen Lebens tätig: als Gründungs- und Vorstandsmitglied im Verein »Thomaskirche-Bach 2000 e. V.«, als Gründungsmitglied und Kuratoriumsvorsitzender des Fördervereins »Synagoge und Begegnungszentrum Leipzig e. V.« (bis Mai 2009), als Vorsitzender der »Stiftung Chorherren zu St. Thomae« und des »forum thomanum Leipzig e. V.« sowie als Mitglied des Direktoriums der Neuen Bachgesellschaft e. V. (NBG). Christian Wolff ist in zweiter Ehe mit Zlata Kaltofen-Wolff verheiratet.

Die Deutsche Bibliothek verzeichnet diese Publikation in der
Deutschen Nationalbibliographie; detaillierte bibliographische Daten
sind im Internet über <http://dnb.ddb.de> abrufbar.

2., korr. Auflage 2013

Printed in Germany · H 7512

Das Buch wurde auf alterungsbeständigem Papier gedruckt.

Gesamtgestaltung: Kai-Michael Gustmann
Druck und Binden: Hubert & Co., Göttingen

ISBN 978-3-374-03009-5
www.eva-leipzig.de

Für Zlata, Libor und Friederike,
Björn und Björn –
meine persönliche Osterweiterung

Vorwort

Bücher über die Friedliche Revolution und ihre Folgen im vereinten Deutschland, geschrieben von denen, die in Ostdeutschland aufgewachsen sind, gibt es viele – von Hans-Joachim Maaz, Joachim Gauck oder Christian Führer. Polemische Reflexionen über das vereinte Deutschland aus westdeutscher Sicht kommen noch immer regelmäßig auf den Markt – zu nennen sind Michael Jürgs oder Wolfgang Herles. Relativ rar sind Veröffentlichungen von denen, die nach der Friedlichen Revolution in die neuen Bundesländer gekommen sind und dort ihren beruflichen und persönlichen Lebensmittelpunkt gefunden haben – und auch bleiben wollen. Darum habe ich es für sinnvoll erachtet, meine Erfahrungen aus den vergangenen 20 Jahren zu Papier zu bringen und unter dem Titel »Osterweiterung« zu veröffentlichen – wohl wissend, dass schon allein dies den Vorwurf provoziert, ich würde doch nur aus westdeutscher Sicht schreiben und den Westen um den Osten erweitern.

Mir geht es nicht darum, das Aufgeschriebene für die letzte Wahrheit zu halten. Vielmehr möchte ich einen Beitrag dazu leisten, sich über den zukünftigen Weg Deutschlands und der Kirche Gedanken zu machen. Alles, was ich reflektierend zusammentrage, soll Gespräche anregen. Darum ist Widerspruch erwünscht. Nur über eines möchte ich nicht diskutieren: ob ich das als erst seit 20 Jahren in dieser Stadt lebender Leipziger Bürger darf.

Wenn ich in dem Buch immer wieder Namen nenne, Ereignisse schildere, Kontroversen nachzeichne, dann nicht, um irgendjemanden zu brandmarken. Vielmehr geht es mir darum, Entwicklungen nachvollziehbar zu machen. Gott sei Dank ist ja nichts so geblieben, wie es vor Jahren war. Keiner, auf dessen Äußerung ich mich beziehe, muss heute noch so denken. Aber es soll auch nichts von Erfahrungen verloren gehen.

Ich danke der Evangelischen Verlagsanstalt, insbesondere Frau Dr. Annette Weidhas, für die sorgfältige Betreuung dieses Buches. Ich danke meiner Frau, die mit ihrer ganz besonderen Biographie das Manuskript kritisch begleitet hat. Ich danke Gott für die Möglichkeit, seit 1992 in Leipzig in Frieden und bei guten Kräften leben und an dieser besonderen Thomaskirche tätig sein zu können.

6. Januar 2012 = Epiphanias
Christian Wolff

Inhalt

So viel Anfang …

Sie lag gelb umrandet wie ein Wegweiser auf dem Treppenabsatz des Pfarrhauses in Mannheim-Käfertal – die kleine Stellenanzeige in der Märzausgabe des Deutschen Pfarrerblattes 1991: Zwei Stellen in der Kirchgemeinde St. Thomas-Matthäi Leipzig sind neu zu besetzen. Leipzig – der Name elektrisierte mich, obwohl ich damals keine Ahnung von dieser Stadt hatte. Was ich wusste: Leipzig ist Buchstadt. Aber war das nicht nur eine Reminiszenz an die Vergangenheit? Dort hatte mein Vater 1934 einige Monate auf der Deutschen Buchhändler-Lehranstalt zugebracht und damals die zweibändige, in Schweinsleder gebundene Faksimileausgabe der letzten von Martin Luther autorisierten Übersetzung der Bibel erstanden, aus der in jedem Jahr am 1. Christtag die Weihnachtsgeschichte aus Lukas 2 vorgelesen wurde. Und die Thomaskirche? Da ist der Thomanerchor zu Hause. Trotz meiner nur nebulösen Vorstellungen über das neue Deutschland verspürte ich, die Anzeige in den Händen haltend, eine merkwürdige Sicherheit, über die man nur in seltenen Augenblicken verfügt. Ich dachte: Das ist es! Das ist die Möglichkeit, aus dem so fertigen und trotz tiefgreifender Veränderungen erneuerungsresistenten Westdeutschland herauszukommen – dorthin, wo die Weichen für die Zukunft neu gestellt werden.

Als im Oktober 1989 in Leipzig die Friedliche Revolution begann, saß ich in Mannheim mit eingegipstem Fuß im Sessel vor dem Fernseher. Ich hatte mir bei einem Fußballspiel mit Konfirmanden den Fuß gebrochen und war bewegungsunfähig. Das war sehr symbolträchtig: Als Angehöriger der Generation, die dachte, ohne sie läuft nichts, musste ich nun erleben, wie eine revolutionäre Entwicklung begann, mit der ich zunächst nichts zu tun hatte. Auch konnte im November 1989, als die Mauer fiel und die Grenzen sich öffneten, niemand ahnen, dass der erste Jahrestag dieses historischen Ereignisses schon unter den Bedingungen des vereinten Deutschlands gefeiert werden würde. Innerhalb von zwölf Monaten veränderten sich die Verhältnisse in Mitteleuropa so schnell und so radikal, dass die Gedanken dem kaum folgen konnten – eine Tatsache, die in der Beurteilung der Entwicklung noch heute unterschätzt wird. Damals war auch ich völlig gefangen in den westdeutschen Denkstrukturen der 70er und 80er Jahre. Zwar gehörte ich der Generation und der politischen Richtung an, die davon überzeugt war, dass am Ende des 20. Jahrhunderts der Ost-West-Konflikt vom Nord-Süd-Konflikt abgelöst werden und die politische Teilung freier Westen versus kommunistischer Osten ihre Bedeutung verlieren würde. Was das aber konkret bedeuten sollte, das blieb im Ungefähren. Und dass das System, an dessen Veränderung ich mich zwei Jahrzehnte abgearbeitet hatte, nämlich der real existierende Kapitalismus, nun seinen Triumph zu erleben und konkurrenzlos dazustehen schien – das machte es mir 1990 schwer, mit fliegenden Fahnen die deutsche Einheit zu begrüßen. Doch ab dem 3. Oktober 1990 spürte ich zunehmend, dass sich die Welt radikal verändert hatte – und wir in Westdeutschland lebten weiter, als sei nichts geschehen bzw. als müssten sich nur »die anderen« ändern und anpassen. Das jedoch war ein Trugschluss.

Patrick Süßkind – wie ich ein Kind der Republik, also Jahrgang 1949 – veröffentlichte im SPIEGEL (Nr. 38/1990) unter der Überschrift *»Deutschland, eine Midlife Crisis«* einen mich damals aufrüttelnden Essay. In diesem rechnete er ab mit unserer Generation, der er selbst angehört:

Die eigentlichen Greise sind wir, wir 40-jährigen Kinder der Bundesrepublik. Uns hat das Erdbeben kalt erwischt. … Nicht nur wegen unserer geschichtlich geprägten Befindlichkeit …, daß wir eine andere als die bestehende Ordnung nie kannten. Ein weiteres kommt hinzu: Uns treffen die Erschütterungen im denkbar ungünstigsten Moment, denn wir befinden uns in einem Lebensabschnitt, in dem der Mensch geneigt ist, eine Pause einzulegen, innezuhalten, zurückzuschauen, Bilanz zu ziehen und sich allmählich auf die zweite Hälfte seines Lebens einzustellen. … Und nun, da wir glaubten, unsere Existenz im Griff und die Welt verstanden zu haben und wenigstens in groben Zügen zu wissen, wie der Hase läuft und wie er weiterlaufen wird ... – jetzt kommt plötzlich die Midlife Crisis in Gestalt der deutschen Einheit über uns! Auf Potenzstörungen wären wir vorbereitet gewesen, auf Prostata, Zahnersatz, Menopause, auf ein zweites Tschernobyl, auf Krebs und Tod und Teufel – bloß nicht auf »Deutsch-land-ei-nig-Va-terland«! Diesen politischen Ladenhüter! Diese älteste der alten Kamellen, die wir längst in die hinterste Ecke der untersten Schublade gesteckt hatten! Rums! – da liegt sie, unsere kleine Kommode, und ringsum verstreut liegen die Stolpersteine.

Als ich das las, durchfuhr es mich: Zu diesen Greisen, gepeinigt von Verlustängsten, möchtest du nicht gehören! So dachte auch meine erste Frau Dorothea*. Wir wollten unsere Freizeit bis zum Eintritt in den Ruhestand nicht damit verbringen, am Finanzierungskonzept für die Eigentumswohnung an der Bergstraße zu stricken. Wir wollten da leben, wo sich die politischen, ökonomischen, gesellschaftlichen und auch kirchlichen Weichenstellungen für die Zukunft vollziehen. Dass dies in Ostdeutschland sein würde, sagte mir mein politischer Instinkt, und so zu denken gebot die Hoffnungskraft des Glaubens.

Also wählte ich die Telefonnummer, die unter der Anzeige stand. Es meldete sich ein Musiklehrer aus Kassel namens Michael Tauche. Er hatte die Anzeige aufgegeben, um der Thomaskirche zu helfen. Die Tho-

* Dorothea Frischmann-Wolff, Studienrätin für Französisch und Religion, geboren am 7. Juni 1950, am 22. November 2002 nach langer Krankheit gestorben.

maskirche war durch den Weggang von Pfarrer Hans-Wilhelm Ebeling in die Politik (er war Mitbegründer der DSU und in der letzten, frei gewählten Regierung der DDR Entwicklungshilfeminister), durch den Ruhestand von Pfarrer Christian Fraustadt sowie die lange Erkrankung von Pfarrer Klaus Grabner in einen personellen Notstand geraten. Von den vier Pfarrstellen war de facto nur noch die erste mit Superintendent Johannes Richter D.D. besetzt. Ich fragte Michael Tauche, ob schon viele Interessenten angerufen hätten – was er bejahte. Kein Wunder: Thomaskirche – die Wirkungsstätte Johann Sebastian Bachs, Leipzig – Stadt der Friedlichen Revolution. Aber wo liegt Leipzig? Wenn mich damals jemand gefragt hätte, ob Leipzig westlich oder südlich von Dresden zu verorten sei, ich hätte es nicht gewusst. Geographisch war mir Leipzig ebenso wenig ein Begriff, wie mir nicht wirklich bewusst war, dass sich in Ostdeutschland – in Sachsen, Sachsen-Anhalt und Thüringen – über Jahrhunderte hinweg die kulturellen und geistigen Zentren Deutschlands befunden hatten und dass nicht zuletzt die originären Stätten der Reformation hier liegen. Insofern war ich ein lupenreiner Wessi, dem es bis 1989 an einem ausreichenden Interesse an Gesamtdeutschland fehlte. Meine damalige Ignoranz möchte ich im Nachhinein weder rechtfertigen noch damit erklären, dass es in unserer Familie keinerlei verwandtschaftliche Beziehungen in die DDR gab und ich lediglich an zwei Begegnungsfahrten zu einer Jugendgruppe nach Ostberlin 1969 und 1970 teilgenommen hatte. Nein, meine Augen waren westwärts gerichtet, auf den Tag wartend, an dem sich – wie wir Ende der 60er Jahre in heißen Debatten herbeizureden suchten – der Ost-West-Konflikt erledigt haben würde. In diesen Jahren leisteten wir »68er« uns den Luxus, die Entwicklungen in Vietnam, Kambodscha und China als zukunftsträchtig anzusehen. Das Elend im Ostblock aber und den zunehmenden Verfall dort sahen wir nicht, sondern redeten uns den real existierenden Sozialismus schön.

Doch zurück zum Treppenabsatz vom März 1991 mit seiner Stellenanzeige. Da ich in Leipzig niemanden persönlich kannte, stellte sich das Problem: wen fragen, wen möglichst inkognito ansprechen? Da fügte es sich, dass wenige Tage nach dem Entdecken der Anzeige meine Eltern ihre Goldene Hochzeit feierten und ich bei dieser Gelegenheit meinen Cousin Christoph Wolff traf, Musikwissenschaftler an der Harvard University in Cambridge/Boston und heute Direktor des Bach-Archivs Leipzig. Von ihm wusste ich, dass er regelmäßig Leipzig besuchte. Er kannte Superintendent Johannes Richter und rief ihn an, um sich nach der ausgeschriebenen Pfarrstelle zu erkundigen. Richter zeigte sich völlig überrascht, weil er nichts von einer Anzeige wusste. Als Erstes verwies er darauf, dass es nur Ostgehalt geben würde, um westliche

Euphorie zu dämpfen. Und dann formulierte er in der ihm eigenen prägnanten Weise vier Kriterien für den neuen Pfarrer: Er solle ca. 40 Jahre alt sein, gut predigen können, eine Beziehung zur Musik haben und mit Jugendlichen arbeiten können. Das Lebensalter traf auf mich zu – wie es mit den anderen Kriterien aussah, das würden andere beurteilen müssen. Aber der Prüfung wollte ich mich unbedingt unterziehen. Also entschieden meine Frau Dorothea und ich: Das werden wir uns vor Ort anschauen.

Und so brachen wir am 19. April 1991 zum ersten Mal nach Leipzig auf. Es war ein nasskalter Apriltag und die achtstündige Zugfahrt entwickelte sich zu einer Art Reise in die Kindheit: Der nach Bebra zunehmende schwefelhaltige Geruch erinnerte mich an die 50er Jahre, wenn die Hochöfen in den Duisburger Mannesmann-Werken abgestochen wurden und sich auf die Fenstersimse im Düsseldorfer Norden der schwarze Ruß legte. Und manche Straßenzüge erschienen mir wie eine Filmkulisse: schwarz-rußige Fassaden, auf denen die Einschüsse aus dem 2. Weltkrieg deutlich zu sehen waren – mit den Notdächern, die stumme Zeugen der Bombennächte waren, von denen die Eltern am Familientisch erzählt hatten. Hier also war noch Realität, was in Westdeutschland längst schon beseitigt worden war – auch ein Hinweis auf die sehr ungleiche Lastenverteilung der Kriegsfolgen in Deutschland. Nach acht Stunden Zugfahrt kamen wir auf dem riesigen, aber leeren Leipziger Hauptbahnhof an – und waren sofort von der Atmosphäre der Stadt eingenommen, obwohl uns rein äußerlich graue Tristesse entgegenschlug. Großen Anteil daran hatte die unvergessene Gertrud Grötzsch, eine damals fast 80-jährige Kirchnerwitwe und eine Seele von Mensch, bei der wir Quartier im heutigen Thomashaus am Thomaskirchhof bezogen. Sie hieß uns freudig willkommen und nahm uns durch ihre Güte und gebildete Freundlichkeit sofort für die Kirchgemeinde und die Stadt ein. Durch sie wurde uns schon bei der Ankunft klar: Dieses Leipzig und seine Menschen sind etwas Besonderes. Ernüchterungen erlebten wir dann freilich noch genug: Am Samstag sollte es zu einer Begegnung mit dem Kirchvorstand kommen, von mir mit Spannung erwartet. Aber es erschien neben Superintendent Richter lediglich eine Kirchvorsteherin, ebenfalls eine besondere Persönlichkeit: Ilse Steffens, eine engagierte Fürsorgerin in Diensten der Inneren Mission. Auch der erste Gang in die ehrwürdige Thomaskirche war durchaus zwiespältig, denn mir erschien der Raum dunkel und dringend aufräumungsbedürftig. Die Motette, vom Thomanerchor unter Leitung von Hans Joachim Rotzsch gesungen, ist mir als emotionslos und unengagiert in Erinnerung geblieben.

Schließlich kam es zu dem denkwürdigen abendlichen Treffen mit Superintendent Johannes Richter und dessen Frau Beate, Pfarrer Klaus Grabner und seiner Frau Gisela und Carl Mau, Amerikaner und ehemaliger Generalsekretär des Lutherischen Weltbundes, der sich 1990/91 der Kreuzkirche in Dresden und der Thomaskirche als Hilfskraft zur Verfügung gestellt hatte. Superintendent Richter zog mich in eine heftige kontroverse Diskussion über die lutherischen Bekenntnisschriften – und berührte damit einen wunden Punkt. Denn anlässlich meiner Ordination 1976 kam es zu einer grundsätzlichen Auseinandersetzung mit der Badischen Landeskirche über die Bedeutung des Artikel 16 der CA, in dem es heißt, »dass Christen ohne Sünde ... Übeltäter mit dem Schwert bestrafen ... können«, also die Todesstrafe legitimiert wird. Wir Vikare weigerten uns, diesen Artikel als heute noch bindend anzuerkennen, und beriefen uns auf einen dynamischen Bekenntnisbegriff, wie ihn der Schweizer Theologe Karl Barth, für mich eine Art Hausheiliger, schon 1928 entwickelt hatte. Doch das wollte Johannes Richter nicht gelten lassen und verwies mich auf die sächsische Kirchenordnung, die mich auf das Augsburgische Bekenntnis verpflichtet. Carl Mau versuchte in dem Gespräch zu vermitteln. Die Debatte wurde dann gegen 22.00 Uhr jäh unterbrochen durch ein Feuerwerk, das offensichtlich im Rosental entfacht wurde: Es war der 20. April. Die Neonazis hatten sich schon damals Sachsen als neues Aufmarschgebiet ausersehen. Da schien ich vom

Regen in die Traufe zu kommen. Denn wenige Wochen zuvor wollten in der Nähe der Unionskirche in Mannheim, an der ich Pfarrer war, die rechtsradikalen »Republikaner« aufmarschieren. Das galt es zu verhindern. Mein Engagement gegen diesen Aufmarsch brachte mir damals sehr unangenehme anonyme Anrufe, ja sogar Morddrohungen ein.

Dorothea sah nach dieser abendlichen Debatte meine Chancen sinken. Doch ich war mir sicher: In solchen Situationen hat es keinen Zweck zu taktieren. Und ich spürte bei aller Kontroverse, dass Richter Freude an dem Disput hatte, was er mir später bestätigte. So konservativ dieses sächsische Urgestein auch war – Johannes Richter, 2004 viel zu früh verstorben, zeichnete sich durch eine feste Fundierung in der lutherischen Theologie wie durch eine große Offenheit und herzliche Menschenfreundlichkeit aus. Er war es, der mir immer wieder zu verstehen gab, wie sehr ihn der theologische und politische Disput mit mir freute und wie sehr er eine solche Streitkultur in Kirche und DDR-Gesellschaft vermisst hatte. Und er war es auch, der letztlich mein Bleiben über 1997 hinaus ermöglichte. Ihm verdanke ich sehr viel. Mich hat es immer beschämt, wenn er seine große Genugtuung über unsere trotz aller Meinungsverschiedenheit vertrauensvolle Zusammenarbeit zum Ausdruck brachte.

Nachdem ich im Juli 1991 dann vom Landeskirchenamt Sachsens für die 2. Pfarrstelle an der Thomaskirche vorgeschlagen wurde, hielt ich am 29. September 1991 in zwei Gottesdiensten meine beiden Vorstellungspredigten. Daran schloss sich die entscheidende Sitzung des Kirchenvorstandes an. Zunächst kam es zu einer Fragerunde. Eine Kirchvorsteherin fragte mich direkt, ob ich denn aus der SPD austreten würde, wenn ich zum Pfarrer der Thomaskirche gewählt würde. Ich erwiderte, ob sie die Frage auch gestellt hätte, wenn ich Mitglied der CDU wäre. Darauf kam keine Antwort und damit hatte sich auch dieses Problem erledigt

Noch am Abend des 29. September 1991 wurde ich vom Kirchenvorstand zum Pfarrer gewählt. Nach einigen Tagen Bedenkzeit nahm ich am 6. Oktober 1991 die Wahl an. Warum diese lange Bedenkzeit, wo doch das angestrebte Ziel erreicht war? Eigentlich bestand kein Grund, die Stelle zu wechseln. Ich hatte in der Gemeinde der Unionskirche in Mannheim optimale Arbeitsbedingungen, die Gemeinde war in einem guten Zustand, die eigene Arbeit anerkannt – auch in ihrem Profil: Kirchentagsaktivitäten wie Beatmessen, Friedensbewegung und der Schwerpunkt Kirche und Arbeitswelt. Erstaunlicherweise war ich zudem 1990 in die Synode der Badischen Landeskirche gewählt worden, obwohl ich eigentlich immer Minderheitenpositionen vertreten hatte und als »linker, roter« Pfarrer verschrien war. Und Dorothea stand kurz vor der Beförderung zur Oberstudienrätin. Aber schließlich lockte nicht nur die neue Herausforderung, an einer der bedeutendsten Kirchen Deutschlands arbeiten zu können. Ich hatte auch das sichere Gefühl, dass sich etwas in meinem Leben ändern musste.

So kamen wir am 2. März 1992 in Leipzig an – und verbrachten unsere erste Nacht in der wunderbar hergerichteten Wohnung mit 230 qm im Dittrichring 12. Nur mit zwei Isomatten in der Hand bezogen wir die Beletage des heutigen Matthäi-Hauses und konnten uns nicht vorstellen, die leeren Hallen jemals zu füllen. Am anderen Morgen rückte der Umzugswagen an. Wir gingen auf das Einwohnermeldeamt, um formal den Wohnungswechsel zu vollziehen. Vom ersten Tag an wollten wir Leipziger sein. Wir wollten hier nicht auf Besuch leben oder von einem Hochsitz aus das Treiben beobachten, sondern wir wollten Teil der Kirchgemeinde und Bürgerschaft sein, die sich in einem rasanten Umbruch befanden. Alle gut gemeinten Ratschläge, mich erst einmal zurückzuhalten, habe ich bewusst nicht beachtet. Erstens entspricht eine solche Haltung nicht meinem Naturell und zweitens wollten wir ja hier leben, arbeiten, uns beteiligen an der Gestaltung des neuen Deutschland. Und so stürzte ich mich in die Arbeit. Dabei hatte ich einen Vorteil und einen Nachteil: Das, was für alle anderen Mitarbeiterinnen und Mitarbeiter neu war, war mir vertraut. Das jedoch, was die anderen an Biographie mitbrachten, war mir fremd. Vom »Wohin«

des Weges hatte ich eine vage Vorstellung, nicht aber vom »Woher« der anderen. Aber das machte das Leben spannend. Und schließlich wollte ich ja meinen Beitrag dazu leisten, dass das Ziel nicht einfach die alte Bundesrepublik sein würde, sondern ein *neues* Deutschland.

Gerade in grundlegenden gesellschaftlichen Erneuerungsprozessen liegen Alt und Neu im Widerstreit. Das musste vor allem meine Frau Dorothea erfahren. So sehr sie die treibende Kraft bei der beruflichen Veränderung war – sie hatte den schwierigen Teil des Wechsels zu tragen. In Mannheim war sie mit halbem Deputat als Studienrätin für Französisch und Religion tätig. Doch die Übernahme einer Lehrtätigkeit im Freistaat Sachsen war zunächst aussichtslos. Also kam mühsam eine Beurlaubung zustande – womit sich unser Einkommen auf ein Drittel reduzierte. Mein Gehalt betrug ab März 1992 nur noch knapp 50 % dessen, was ich »im Westen« verdient hatte, und das meiner Frau fiel ganz weg. Aber das war immer noch genug, um gut zu leben und um die Erfahrung zu machen, dass weniger tatsächlich einen Mehrwert beinhalten kann. Vor allem aber konnten wir dem Vorwurf entgehen, im Osten absahnen zu wollen. Kaum in Leipzig angekommen, bemühte sich Dorothea, auch hier als Lehrerin arbeiten zu können. Doch die Tragik war: Ob sie mit dem Oberschulamt in Karlsruhe oder in Leipzig, mit dem Kultusministerium in Stuttgart oder in Dresden telefonierte, immer war ein Schwabe am Apparat, der ihr stereotyp erklärte, dass eine Beschäftigung als Lehrerin nur möglich sei, wenn im Gegenzug ein Sachse mit der Fächerkombination Religion und Französisch – und die gab es 1992 ja zuhauf! – nach Baden-Württemberg wechselt. Da erlebten wir im Kleinen, mit welcher Ignoranz die Einheit von denen gestaltet wurde, die – hoch bezahlt – »Aufbauhilfe Ost« leisten sollten und doch weiter so dachten und handelten, als sei das neue Deutschland einfach die um fünf Bundesländer erweiterte alte Bundesrepublik.

Zum Schuljahr 1992/93 konnte Dorothea dann im Rahmen eines Sonderprogramms des Landes Baden-Württemberg als beim Freistaat angestellte Lehrerin am Richard-Wagner-Gymnasium im Leipziger Osten Französisch unterrichten. Sachsen musste nicht nur das Ostgehalt zahlen, sondern auch noch die Differenz zum Westgehalt, obwohl Dorothea das nicht wollte. Doch abgesehen davon erwies sich diese Tätigkeit als sehr schwierig. Nicht nur, dass man meine Frau bei der Suche nach einem »Overheadprojektor« voll aufliefen ließ: »So etwas haben wir hier nicht«, hieß es, obwohl klar war, dass sie einen »Polylux«, so der DDR-Begriff für den Tageslichtprojektor, benötigte – und damit waren der Wessi-Frau die Grenzen gezeigt. Auch der Fremdsprachenunterricht hatte sich in einem Land, das bis vor Kurzem keinen Austausch mit Frankreich pflegen durfte, in der Didaktik völlig anders entwickelt. Hinzu kam: Dorothea war die einzige westdeutsche Lehrkraft in einem Kollegium, dessen Mitglieder sich alle neu bewerben mussten. Kein Wunder, dass sie »verdächtigt« wurde, eine leitende Position einnehmen zu wollen, was nie ihre Absicht war; und natürlich wird ihr Mann irgendein Banker sein, der seine Geschäfte im Osten macht. Eine kleine Szene aus dem Lehrerzimmer des »RiWa« kann als *pars pro toto* gelten: Bei einer Belehrungsstunde – die Lehrer saßen wie in einem Klassenzimmer an Zweierbänken hintereinander – mahnte der »Sicherheitsbeauftragte« alle Kollegen, nach dem Kaffeekochen den Stecker der Kaffeemaschine aus der Steckdose zu ziehen, andernfalls müsse das Kaffeekochen im Lehrerzimmer verboten werden. Daraufhin verlangte der Rektor, dass alle Kollegen diese Mahnung im »Belehrungsbuch« jetzt zu unterschreiben hätten. Kein Widerspruch, brav unterschrieben alle – nur Dorothea meldete sich und sagte, dass sie solche Albernheiten nicht mitmache und nicht unterschreiben werde. Das isolierte sie aus zwei Gründen: Zum einen reagierte sie in den Augen der anderen typisch wessihaft, zum andern wurde sie beneidet, dass sie sich diese Unabhängigkeit leisten konnte.

Im Frühjahr 1993 löste Dorothea den Sondervertrag wieder auf. Die psychischen Belastungen, als einzige westdeutsche Lehrerin an einem Leipziger Gymnasium zu wirken, waren einfach zu groß. An vielen Schulen, Säulen des alten Systems, herrschte noch lange nach 1989 der alte Geist: Abhängigkeiten, Demütigungen, Anpassungsdruck, Unsicherheit – das alles ergab eine Gemengelage, die auf Dauer kaum zu ertragen war und gegen die Dorothea allein nicht ankommen konnte. Die typische Reaktion des Landes Baden-Württemberg auf die Kündigung war ein Brief des Oberschulamtes Karlsruhe, mit dem Dorothea aufgefordert wurde, »unverzüglich« mitzuteilen, wann sie ihren Dienst in Baden-Württemberg wieder antreten wolle. Das wurde dann Anfang 1994 noch übertroffen durch die Aufforderung, sich zum Schuljahr 1994/95 wieder zum Schuldienst in Baden-Württemberg zur Verfügung zu stellen, andernfalls würde ein Disziplinarverfahren eröffnet mit dem Ziel, sie aus dem Schuldienst zu entlassen. Zwar schaltete sich der Hauptpersonalrat klärend ein. Doch Dorothea hielt den Zeitpunkt für gekommen, von sich aus den Schuldienst zu quittieren – auch als Ausdruck unserer gemeinsamen Überzeugung, dass das Beamtentum in den Orkus der Geschichte gehört.

Daraufhin bewarb sie sich beim Gustav-Adolf-Werk e.V. (GAW), dem Diasporawerk der Evangelischen Kirche in Deutschland (EKD), das 1842 in der Thomaskirche gegründet und dessen Zentrale inzwischen von Kassel nach Leipzig zurückverlegt worden war. Sie wurde als Sachbearbeiterin für die Frauenarbeit des GAW eingestellt. Aber leider musste Dorothea im GAW – nun aus ostdeutscher Perspektive – erleben, wie sehr der Alltag noch vom Ost-West-Gegensatz geprägt war. Da wir in Leipzig arbeiteten und wohnten, galt sie als Ostdeutsche, wurde also nach BAT-Ost bezahlt, während die ebenfalls 1994 neu angestellten westdeutschen Mitarbeiter und Mitarbeiterinnen des GAW auch nach dem Umzug nach Leipzig weiter Westgehalt erhielten. In den zwei Monaten, in denen sie in Kassel tätig war, erlebte sie die unterschiedliche Behandlung zwischen Ost und West besonders krass. Da Dorothea – im Gegensatz zu manchen Kolleginnen – nicht auf die Stelle angewiesen war, hat sie die Ost-West-Ungleichheit offen kritisiert. Das brachte ihr einige Rüffel vom Arbeitgeber ein, aber auch das Vertrauen der ostdeutschen Mitarbeiterinnen. So haben wir am eigenen Leib erfahren, warum das Zusammenwachsen zwischen Ost- und Westdeutschland so schwierig ist, solange die Gerechtigkeitsfrage ungeklärt bleibt. Warum kann ein kirchliches Werk, das sich in anderen Ländern in erfreulicher Weise für Gerechtigkeit einsetzt, nicht auch zu Hause beispielhaft wirken?

Ja überhaupt: Warum ist es uns nach 1989/90 so schwergefallen, eine einmalige historische Situation zu grundlegender Erneuerung zu nutzen? Warum wurde die Chance vertan, unter den Bedingungen der

Friedlichen Revolution die notwendigen Veränderungen in Kirche und Gesellschaft rechtzeitig in Gang zu setzen? Warum haben wir diese Gelegenheit nicht dankbar und freudig ergriffen – zumal unter dem Aspekt, dass bis 1945 in Mitteleuropa gesellschaftliche Erneuerungen immer nur aufgrund von Krieg und Zerstörung möglich waren, jetzt aber unter Friedensbedingungen vollzogen werden konnten?

Ein »Te Deum« für den Aufbruch zur Demokratie

Ansprache zur Motette am 9. Oktober 2009 zu
Te Deum laudamus für Soli, zwei vierstimmige Chöre und Continuo (1826)
von Felix Mendelssohn Bartholdy (1809–1847)

Das Friedensgebet, zu dem sich am 9. Oktober 1989 auch in dieser Kirche Christen und viele Nichtchristen – trotzig, ängstlich, hoffnungsvoll – versammelten, die anschließende Demonstration der 70.000 als Auftakt für das, was wir heute mit Recht die Friedliche Revolution nennen, aber auch das, was sich in den vergangenen 20 Jahren an Aufbruch zur Demokratie, an kultureller Vielfalt, an Freiheit ereignet hat – das alles ist Anlass für ein kräftiges *Te Deum laudamus.* Und das nicht nur, weil kaum ein liturgischer Gesang so populär ist wie das Gotteslob des Ambrosius aus dem 4. Jahrhundert. Nein – auch die Tatsache, dass der seit der Reformation städtische Thomanerchor heute in der Thomaskirche die Motette gottesdienstlich gestaltet und nicht wie am 7. Oktober 1989 im Berliner Palast der Republik vor den greisen Zuspätgekommenen singen muss, macht deutlich, was für ein radikaler Wechsel sich vollzogen hat. Und wir tun gut daran, die Friedliche Revolution von 1989 in den historischen

Zusammenhang zu stellen, in den sie gehört: von der Befreiung des Volkes Israel aus der Knechtschaft in Ägypten über den Freiheitsaufbruch der Reformation im 16. Jahrhundert bis hin zur bürgerlichen Revolution 1848 und zur Ausrufung der ersten deutschen Republik 1918.

Das fordert ein *Te Deum* geradezu heraus. Wir hören es heute in der Vertonung von Felix Mendelssohn Bartholdy. Doch hat der 17-jährige Mendelssohn dieses *Te Deum* im Gegensatz zu den von ihm geschätzten Vorlagen von Georg Friedrich Händel nicht für eine politische Jubel- und Siegesfeier komponiert. Das möchte uns heute davor bewahren, das Gotteslob vorschnell für politische Interessen zu instrumentalisieren und das als gottgewollt abzusegnen, was doch nur unseren menschlichen Wünschen entspricht. Eine Gefahr ist eben nicht von der Hand zu weisen: die eigene Glückserfahrung oder historische Prozesse mit der Aura des Göttlichen zu versehen, ohne kritisch zu reflektieren, auf wessen Kosten Erfolg möglich geworden ist und welche Verantwortung uns daraus erwächst. Die Erinnerung an den 9. Oktober 1989 ruft uns in die Verantwortung, auch heute aktiv dafür einzutreten, dass Menschen wegen ihrer religiösen oder politischen Überzeugung, wegen ihrer Herkunft, wegen ihrer Hautfarbe nicht ausgegrenzt werden dürfen. Vielmehr müssen sie sich frei am gemeinschaftlichen Leben beteiligen können – das gilt vor allem im

Blick auf die ausländischen Mitbürgerinnen und Mitbürger, ohne deren Beitrag wir keine deutsche Einheit gestalten können. Damit verbietet sich an diesem Tag auch jene Leipziger Selbstbezogenheit, die reflexartig Neubürger als »Fremde« zu stigmatisieren versucht, wenn diese sich ins städtische Leben einbringen.

Auf der anderen Seite dient das *Te Deum* dazu, Erfolg und Gelingen nicht als Selbstverständlichkeit zu betrachten, auf die ich einen Anspruch erheben kann. Wer Gott lobt, der macht sich zunächst das bewusst: Mein Leben ist ein Geschenk und jeder Tag ein neues Wunder – unerwartet und unverdient. Dass Gott Menschen aus der Bedeutungslosigkeit herausruft und unser aller Leben mit Recht und Würde segnet, das ist genug Anlass zum Lobgesang. Doch auch im Versagen und Scheitern können wir, wenn wir unser Leben aus Gottes Hand empfangen, den Keim des Guten entdecken. Insofern ist das *Te Deum* vor allem Ausdruck dafür, dass der Mensch sich vor Gott verbeugt, seine unermessliche Größe anerkennt und seine Heiligkeit preist, um dadurch die Ehrfurcht vor dem Leben zu gewinnen und vom Podest eigener Selbstüberheblichkeit zu steigen. Darum mündet das *Te Deum* ein in den flehentlichen Ruf: *Miserere nostri, Domine* – Gott möge sich unser erbarmen.

Erbarmt hat sich Gott auch über Maria und diese einfache Frau aus ihrer Niedrigkeit gerufen. Ihre Antwort, ihr Lobgesang, das Magnificat, geriet zum revolutionärsten Text unserer Bibel. Abend für Abend beten Christinnen und Christen in aller Welt mit den Worten:

Er (Gott) übt Gewalt mit seinem Arm
und zerstreut, die hoffärtig (stolz) sind in ihres Herzens Sinn.
Er stößt die Mächtigen vom Stuhl
und erhöht die Niedrigen
Die Hungrigen füllt er mit Gütern
und lässt die Reichen leer ausgehen.

Auch diese Umsturzhoffnung hat dazu beigetragen, dass sich Christen trotz aller Anpassung, trotz der Bündnisse zwischen Kirche und Macht und trotz aller Ängste ein subversives Gewissen in Sachen Freiheit und Gerechtigkeit bewahrt haben. Glaube niemand, das hätten wir heute nicht mehr nötig. Doch dazu bedarf es des Gegenübers Gottes, des kritischen Einspruchs durch die Botschaft Jesu, des Wissens um die Endlichkeit allen Seins und der daraus resultierenden Selbstbeschränkung des Menschen. Ohne dies alles verkümmert unser Leben und verliert sich in einer gefährlich naiven Selbstüberheblichkeit, an der nicht nur die DDR gescheitert ist, sondern an der alle Systeme zerbrechen werden, die die Grenzen des Seins ignorieren. So hat das Lob Gottes die Absicht, uns in die Schranken zu weisen und uns von jeder Form krampfhafter Selbstrechtfertigung zu befreien.

Und dennoch ist eines nicht zu vergessen: Es war kein Zufall der Geschichte, dass sich die Friedliche Revolution aus den Räumen heraus, in denen das Gotteslob gepflegt und damit die Hoffnung genährt wird, entwickeln und sich der Aufbruch zur Demokratie entfalten konnte: aus den Kirchen. Offenheit, kulturelle Bildung, Orientierung durch den Glauben, Vielfalt der Lebensweisen – das sind die Grundwerte, die wir an Orten wie diesem als Schatz aufbewahren. Diesen Schatz gilt es mit jedem Gottesdienst und jeder Motette neu zu heben – als Bedingung dafür, die Friedliche Revolution nicht museal verkommen zu lassen, sondern mit dem Glauben, der Hoffnung und der Liebe immer neu zu beleben. Amen.

Das neue Deutschland

Da steht sie wieder an: die Frage nach dem neuen Deutschland. Zugegeben, »Neues Deutschland« ist ein zwiespältiger Begriff: So hieß das Zentralorgan der SED, der »Sozialistischen Einheitspartei Deutschlands«, die während des Bestehens der DDR verantwortlich war für das System von Diktatur, für Demütigung und Bevormundung. Auch heute gibt es noch ein *»Neues Deutschland«* als Tageszeitung. Sie steht der Nachfolgepartei der SED, der PDS (Partei des demokratischen Sozialismus) resp. der Partei »Die Linke« nahe. Trotzdem rede ich vom neuen Deutschland, da ich der Überzeugung bin, dass das, was durch die Vereinigung der beiden deutschen Staaten am 3. Oktober 1990 entstanden ist, nicht eine um einige Länder erweitere Bundesrepublik Deutschland (West) ist – und auch nicht die Wiederherstellung des Deutschlands, das nach der Befreiung vom Nationalsozialismus am 8. Mai 1945 notwendig zu Bruch gehen musste. Vielmehr begreife ich das Deutschland nach 1990 als *neuen* Staat – und das bedeutet: Alles muss auf den Prüfstand, muss sich hinterfragen lassen – vor allem im Blick auf das alte Westdeutschland. Denn in Ostdeutschland waren (und sind) die Menschen nach der Friedlichen Revolution vom Oktober 1989 einem beispiellosen Veränderungsprozess unterworfen worden, der das Privat- wie das berufliche Leben, die Gesellschaft in all ihren Verästelungen sowie die ökonomischen Bedingungen umfasst – eine Tatsache, die noch heute unterschätzt wird. Man denke nur an die Einführung der neuen Postleitzahlen 1993, die zunächst einzige Veränderung für Westdeutschland nach der Vereinigung. Während in Ostdeutschland mit Mühe und Not der grüne Pfeil »gerettet« werden konnte und ansonsten kein Stein im alltäglichen Leben auf dem anderen blieb, kam es wegen dieser Lappalie zu einem interfraktionellen Antrag von westdeutschen Bundestagsabgeordneten, die Einführung der fünfstelligen Zahlen zu verschieben, da diese Veränderung den Menschen nicht zuzumuten sei.

Bis Mitte der 90er Jahre habe auch ich zu denjenigen gehört, die meinten, dass eine neue Verfassung und eine Volksabstimmung zur Vereinigung, also eine Vereinigung nach Artikel 146 Grundgesetz, sinnvoll gewesen wäre. Heute bin ich aus zwei Gründen froh, dass das Grundgesetz von 1949 weiter Gültigkeit hat: Zum einen ist das Grundgesetz insbesondere in den sog. Grundrechtsartikeln beispielgebend. Mit dem deutschen Grundgesetz und der föderalen Struktur wurden aus der fatalen Entwicklung Deutschlands in der Weimarer Republik und in der Nazi-Zeit die richtigen Konsequenzen gezogen. Zum andern kann ich mir nicht vorstellen, dass 1990 die Bürgerinnen und Bürger eine bessere Verfassung als die von 1949 hätten entwickeln können. Ich glaube auch nicht, dass dadurch die Akzeptanz des demokratischen und sozialen Rechtsstaates bei der Mehrheit der Ostdeutschen gestiegen wäre.

Eine grundlegende Verfassungsreform hätte eine wesentliche Verzögerung der gesamtdeutschen wirtschaftlichen und sozialen Entwicklung nach sich gezogen, was zwangsläufig zu einer großen Unzufriedenheit in der Bevölkerung Ostdeutschlands geführt hätte. Heute bin ich der festen Überzeugung, dass die Ostdeutschen bei allem Mut und Veränderungswillen, mit dem sie sich 1989/90 ihre Freiheit erstritten, aus sehr verständlichen Gründen nur sehr begrenzt bereit gewesen wären, in einen langwierigen demokratischen Prozess zur Schaffung einer neuen Verfassung einzutreten. Aber darüber lässt sich trefflich streiten.

Allerdings ist damit ein Problem markiert, dass uns in den vergangenen zwei Jahrzehnten begleitet hat: Die mangelnde Akzeptanz des demokratischen Rechtsstaates steht nach wie vor im Widerspruch zu dem unbedingten Willen der Ostdeutschen 1989/90, sich vom System von Diktatur und Bevormundung zu befreien. Oder anders ausgedrückt: Die ostdeutsche Bevölkerung hat letztlich genau die gleiche Entwicklung durchgemacht, die schon für das Volk Israel beim Auszug aus Ägypten paradigmatisch geschildert wird.

Nach der Euphorie der gelungenen Befreiung setzt die Sehnsucht nach dem sicheren Leben, nach den »Fleischtöpfen Ägyptens«, ein – und zwar in dem Moment, in dem die Widersprüche des gesellschaftlichen Lebens in einem freiheitlichen System offen zutage treten.

Diesen Widersprüchen waren die Menschen in Ostdeutschland unmittelbar nach der Währungs- und Sozialunion im Juli 1990 und der Vereinigung der beiden deutschen Staaten ausgesetzt. 1992 war an der Gebetswand (heute ein Gebetskreuz) in der Thomaskirche zu lesen: »Lieber Vater, wir haben keine Arbeit mehr. Wir empfinden, dass sich die Deutschen so groß fühlen und dabei das Herz verlieren.« Hinter diesem Gebet könnte eine Familie aus dem Gemeindegebiet der Thomaskirche, dem heute so wunderbar wiedererstandenen Waldstraßenviertel, gestanden haben, die 1994/95 kein Einzelfall war: die Frau, Mitte 50, Philologin, erwerbslos; ihr Mann, Techniker, Mitte 50, im Altersübergangsgeld, also auch erwerbslos. Außerdem gehören zur Familie noch ein Sohn und die 85-jährige Mutter des Mannes. Nun müssen sie alle wegen der Haussanierung die Wohnung räumen, die Mutter und Sohn schon seit 45 Jahren bewohnen und die sie unter DDR-Bedingungen bestens erhalten haben. Die Menschen empfinden es als Potenzierung ihrer Niederlage, dass die neuen Hausbesitzer, meist sehr viel jünger als sie, über das Kapital und damit über die »Freiheit« verfügen, über ihr Leben zu bestimmen und daran auch noch zu verdienen. Dafür, so sagen sie, sind wir im Oktober 1989 nicht über den Ring gegangen. Wer diese Befindlichkeiten nicht ernst nimmt, der wird das aneinander Vorbeireden, das alte und neue Fremdsein zwischen Ost und West nicht verstehen. Auch die oft aus Hilflosigkeit und einem trotzigen Unterlegenheitsgefühl geborene Behauptung »Es war doch nicht alles schlecht an der DDR« und die guten Wahlergebnisse für die PDS/Die Linke sind nur für den Außenstehenden verwunderlich. Mit DDR-Nostalgie hat das wenig zu tun, ganz viel aber mit der Erfahrung von Ungerechtigkeit und der Missachtung der eigenen Biographie.

Diese Beispiele lassen sich beliebig ergänzen und sie erklären, warum die Akzeptanz des demokratischen Rechtsstaates manchen so schwerfiel: Viele empfanden sich als Opfer der gesellschaftlichen Veränderungen. Vor allem der Verlust von Arbeit verstärkte das Gefühl von Nichtbeteiligung und Einflusslosigkeit, das in der Zeit von Diktatur und Demütigung anerzogen worden war. Hinzu kam der schon benannte Veränderungsdauerstress, dem die Menschen seit 1989/90 ausgesetzt waren und der ihnen viel, sehr viel abverlangte.

Die Widersprüche zwischen Alt und Neu brachen in allen gesellschaftlichen Bereichen auf, wobei sich in den ersten zehn Jahren meines Leipziger Lebens die Vermutung bestätigte, dass der sich aus diesen Brüchen ergebende Erneuerungsprozess vor allem in Ostdeutschland stattfand. Das lag auch daran, dass bis zum Beginn des dritten Jahrtausends immer noch so Politik gemacht wurde, als müsse sich in Westdeutschland gar nichts ändern bzw. brauche man nur zu den Errungenschaften der 70er Jahre zurückzukehren. So hat die Kohl-Regierung nach dem 3. Oktober 1990 agiert und so hat auch die rot-grüne Bundesregierung 1998 begonnen. Der von mir hochverehrte erste Oberbürgermeister Leipzigs nach der Friedlichen Revolution, Dr. Hinrich Lehmann-Grube (SPD), hat in Gesprächen immer darauf verwiesen, dass Helmut Kohl nach dem Mauerfall fast alles richtig gemacht habe, doch nach der Vereinigung am 3. Oktober den politischen Notwendigkeiten des neuen Deutschland nicht mehr gerecht geworden sei. Anders ist nicht zu erklären, dass Anfang 1991 von der Bundesregierung 17 Milliarden DM für den Golf-Krieg bewilligt wurden, während der damalige Finanzminister Theo Waigel die Deutsche Einheit aus der Portokasse bezahlen wollte. Das waren Prioritäten!

Auch im Parteienwesen schlug sich das Missverhältnis zwischen Ost und West nieder. Während die PDS auf den gut funktionierenden SED-Apparat aufbauen konnte, wurde die SPD Ost von der Bundespartei weitgehend alleingelassen. Als ich im April 1991 zum ersten Mal das Gemeinde- und Pfarrhaus der Thomaskirche Dittrichring 12 betrat, entdeckten Dorothea und ich, beide Mitglieder der SPD, einen SPD-Aufkleber an der ersten Wohnungstür. Da lebte mit seiner Familie Stefan Hüneburg, der im November 1989 in der Reformierten Kirche dabei war, als es zur Neugründung der Leipziger Sozialdemokratie kam, und der uns ein ganz naher Freund wurde. 1863 hatte die SPD mit der Gründung des ADAV in Leipzig ihre große Geschichte begonnen. Bei meinem ersten Besuch des Ortsvereins Leipzig-Mitte lernte ich viele Gemeindeglieder kennen, was zeigte, welch bedeutende Rolle Christen und Kirche 1989 spielten. Gleichzeitig wurde ich aber auch Zeuge dessen, wie schwer es war, die nicht wenigen zugezogenen westdeutschen Sozialdemokraten mit ihren Erfahrungen mit den ostdeutschen SPD-Mitgliedern zusammenzubringen, die eher ein distanziertes Verhältnis zu Parteien überhaupt, aber auch zu Begriffen wie »demokratischer Sozialismus« hatten. So kam es beispielsweise zu heftigen Auseinandersetzungen um die Fragen, ob ehemalige Mitglieder der SED aufgenommen werden können und wie sich das Verhältnis zur PDS gestalten solle. Im April 1992 besuchte ich eine Versammlung der Jungen Sozialdemokraten (so nannten sich damals die Jusos). Es ging um Ausländerpolitik. Je länger der Abend dauerte, desto mehr hatte ich den Eindruck, auf eine Veranstaltung der Republikaner geraten zu sein – so ausländerfeindlich, vor allem aber so ahnungslos wurde diskutiert. Dabei lebten in Ostdeutschland kaum Ausländer (in Leipzig sind es nach wie vor 5 %). Der »gefühlte« Anteil lag aber bei mindestens 20 %. Zwar hat sich die SPD in Leipzig inzwischen programmatisch gefangen, aber es ist nach wie vor ernüchternd, dass die SPD in ihrer Gründungsstadt gerade einmal knapp 900 Mitglieder hat. Und genauso ernüchternd ist es, dass es die Bundes-SPD bis heute nicht geschafft hat, ihren Gründungstag – den 23. Mai, der gleichzeitig Verfassungstag ist – mit der Feier des Grundgesetzes zu verbinden und dieses Ereignis in Leipzig zu begehen. Man darf gespannt sein, ob die SPD wenigstens 2013 ihr 150-jähriges Bestehen in Leipzig feiert und endlich auch einen Schub dafür gibt, den 23. Mai als Verfassungstag und Fest der Demokratie zu begehen.

Diese und andere Erlebnisse haben bei mir in den vergangenen 20 Jahren dazu geführt, auch meine eigenen gesellschaftspolitischen Positionen einer kritischen Überprüfung zu unterziehen. Denn nach und nach wurde mir klar, dass wir die Politik des alten Westdeutschlands nicht einfach weiterführen können, wollen wir die Grundwerte unserer Verfassung verteidigen und weiterentwickeln. Das gilt sowohl für die Frage, wie wir dem Rechtsradikalismus die Stirn bieten, als auch für das Problem, pazifistische Grundpositionen, zu denen ich mich nach wie vor bekenne, nach dem Ende des Kalten Krieges in praktische Politik umzusetzen. Und es gilt für die Aufgabe, soziale Gerechtigkeit neu zu bestimmen. Bei all diesen Fragen wurde mir klar, dass wir nach 1989 nicht einfach so weitermachen können, als wäre nichts geschehen. Tatsächlich aber wurde das westdeutsch geprägte »Weiter so« praktiziert – sowohl in Sachen Kriegsführung als auch in der Arbeitsmarkt- und Sozialpolitik.

Trotz der sich abzeichnenden deutschen Einheit erlebte ich die Monate vom Sommer 1990 bis Sommer 1991 als eine beklemmende Zeit: Da bahnten sich – nur wenige Monate nach der Friedlichen Revolution, der gewaltfreien Überwindung eines diktatorischen Systems – zwei neue Kriege an: am Golf und auf dem Balkan. Mir kam es vor, als sollte den Menschen eingebläut werden: Glaubt nur ja nicht, das ginge so weiter mit der friedlichen Transformation ungerechter Systeme in Demokratien. Ebenso wurden diejenigen, die sich in den 80er Jahren in den Friedensbewegungen in Ost und West engagiert hatten, als Träumer diffamiert, die einfach nicht verstehen wollten, dass es ohne militärische Auseinandersetzungen nicht geht. Da feierte – mitten in einem radikalen Erneuerungsprozess – altes kriegerisches Denken fröhliche Urständ. Da konnte und kann es nicht überraschen, dass auch der biblisch begründete Pazifismus (als aktive Friedenspolitik verstanden) auf der politischen Ebene der Lächerlichkeit preisgegeben wurde. Ich empfinde es nach wie vor als ein moralisches und politisches

Desaster, dass wir bis heute die Erfahrungen aus der Neuordnung Mitteleuropas nach 1945 nicht zu einer politischen Strategie haben weiterentwickeln können. In meinen Augen ist es eine politische Notwendigkeit, vom Vorrang militärischer Konfliktlösungen Abschied zu nehmen und stattdessen auf absolute Gewaltminimierung bei zwischenstaatlichen Auseinandersetzungen und langfristige Befriedungsstrategien zu setzen. Dabei gelten zwei grundlegende Erkenntnisse: Wer eine Friedensordnung zwischen verfeindeten Völkern herstellen will, muss sich dafür mindestens 40 Jahre, also zwei Generationen, Zeit nehmen. Er sollte den Grundsatz beherzigen, der einen heißen Krieg in Mitteleuropa verhindert hat: Es ist besser, miteinander zu reden, als aufeinander zu schießen (Willy Brandt). Im Nahen Osten, in Afghanistan, in Afrika werden wir nur unter Berücksichtigung dieser beiden Grundsätze Lösungsansätze für Friedensprozesse gewinnen. Auch dann werden Menschen sterben, ungerecht behandelt, getötet werden. Aber es ist ein Unterschied, ob militärische Operationen durchgeführt werden ohne Zielbestimmung, oder ob am Anfang das Ziel steht: Neuordnung einer politischen Region unter der Bedingung, dass der Gegner, der Feind, auch eine Lebensperspektive behält. Ohne einen solchen Ansatz lässt sich aber kein freiheitliches System implementieren. 20 Jahre nach der Friedlichen Revolution und nach dem Ende des Kalten Krieges sind wir erst am

Anfang, die Erfahrung der friedlichen Überwindung von Militärblöcken durch das Aufbegehren der Menschen auch für internationale konflikthafte Entwicklungen nutzbar zu machen. Es ist für mich wichtiger denn je, darauf zu verweisen, dass die Teilung Europas überwunden werden konnte durch die Selbstbeschränkung der verfeindeten Lager, nicht militärisch aufeinander loszugehen. Ob das gelang, obwohl zwischen 1949 und 1989 in Mitteleuropa eine beispiellose, äußerst riskante Hochrüstung betrieben wurde, oder eher, weil es diese Hochrüstung gab, wird nicht endgültig zu beurteilen sein. Entscheidend jedenfalls war, dass die Generation, die den 2. Weltkrieg erlebt und erlitten hatte, auf keinen Fall eine Wiederholung einer alle Werte zerstörenden kriegerischen Auseinandersetzung wollte. Heute allerdings stehen wir in der Gefahr, wieder den militärischen Konfliktlösungsstrategien blind zu vertrauen – und dies, obwohl deutlich ist, dass der Aufwand für hochtechnisierte militärische Gewalt und der Nutzen (oder besser: Schaden) in keinem Verhältnis zueinander stehen. Mit diesen Gedanken rede ich nicht einem blinden Pazifismus das Wort, sondern plädiere für einen intelligenten Einsatz einer vom aktiven Pazifismus geprägten, auf Entwicklung und Gewaltverminderung ausgerichteten Politik.

Fast vier Jahrzehnte (von 1975 an gerechnet) der Finanzierung und Subventionierung von Nichtarbeitendürfen haben unsere Gesellschaft in eine sozialpolitische Sackgasse geführt und Hunderttausende Menschen ihres Selbstbewusstseins beraubt. Dies gilt vor allem auch für die Maßnahmen, mit denen man in Ostdeutschland versuchte, das Wegbrechen von Millionen Arbeitsplätzen aufzufangen. Hundertausende wurden seit 1991 von einer ABM-Maßnahme zur anderen gelotst, von einer Umschulung in Berufe, die es gar nicht gibt, zur nächsten – und landeten schließlich doch in der Erwerbslosigkeit. Und den wenigen Beschäftigungsgesellschaften, die in den 90er Jahren gegründet wurden, um Arbeitsmöglichkeiten im öffentlichen und gemeinnützigen Bereich zu organisieren, wurde von den Lobbyisten in den Verbänden schnell der Garaus bereitet.

Warum wurde der Grundsatz von Willy Brandt, Arbeit und nicht Arbeitslosigkeit zu finanzieren, nach 1990 so vernachlässigt? Warum haben wir diesen Paradigmenwechsel nicht schon vor 1990 vollziehen können? Wahrscheinlich, weil wir uns einer bitteren Einsicht nicht stellen wollten: Wir haben es in Westdeutschland kollektiv zugelassen, dass über fast zwei Jahrzehnte nicht nur Millionen Menschen für Nichtarbeitendürfen hochbezahlt und damit ruhig gestellt wurden, sondern dass dabei auch die Kassen des Bürokratiemolochs namens Arbeitsagentur durch Leute geplündert wurden, die durch das Einzahlen in die Arbeitslosenversicherung einen Anspruch auf

Arbeitslosengeld ableiteten, ohne dass eine wirkliche Bedürftigkeit vorlag. Ähnliches kann im Bezug auf die üppigen Vorruhestandsregelungen der Unternehmen zu Lasten der Sozialkassen gesagt werden. Anfang des neuen Jahrtausends mussten wir uns aber eingestehen, dass wir mit der Sozialhilfe und ALG II nicht nur die Existenzsicherung notdürftig, sondern vor allem den sozialen Niedergang von Menschen finanzieren – und zwar nicht in erster Linie, weil die Menschen über zu wenig Geld verfügen, sondern weil durch langjährige Entwöhnung von Arbeit bei nicht wenigen Menschen Lebensfähigkeiten zerstört wurden, die nicht mehr und schon gar nicht allein durch materielle Zuwendungen zurückgewonnen werden können. An dem sozialpolitischen Skandal der Deformation der Persönlichkeit von Millionen Menschen haben alle politischen Parteien und gesellschaftlichen Kräfte, einschließlich der Gewerkschaften und Kirchen, einen erheblichen Anteil. Dieser Skandal hat seine Ursache auch darin, dass wir sowohl in der alten Bundesrepublik als auch nach der Vereinigung der beiden deutschen Staaten Gerechtigkeit allein durch materielle Angleichung der Lebensverhältnisse herstellen wollten. Dabei haben wir uns in der Sackgasse der Versorgungsgerechtigkeit festgefahren, in der auf Dauer weder Versorgung noch Gerechtigkeit gewährleistet werden können.

Wenn wir aus dieser auch für die Demokratie gefährlichen Sackgasse gelangen wollen, müssen wir das politische, soziale und gesellschaftliche Wirken am Ziel der Beteiligungsgerechtigkeit ausrichten. Beteiligung bedeutet, dass wir jedem Menschen die Möglichkeit zubilligen, aber auch abverlangen, sich aktiv in das gesellschaftliche Leben einzubringen: Beteiligung an Arbeit, an Einkommen, an Bildung im Wechselspiel von Ermöglichung und Beanspruchung. Dieses Wechselspiel ist in den vergangenen zwei Jahrzehnten aus dem Blick geraten – wie auch das Wechselspiel von Freiheit und Bindung.

Als Gewerkschaftsmitglied (seit 1973 zunächst der GEW, dann der ÖTV, jetzt ver.di) habe ich mich seit 1992 um einen guten Kontakt zu den Arbeitnehmerorganisationen bemüht. Schon 1992 bin ich mit meinem Kollegen von der Nikolaikirche, Christian Führer, ins Siemens Werk Leipzig gegangen, als dieses wegen anstehender Entlassungen bestreikt wurde. Natürlich spürte ich sofort den Unterschied zum Betriebsbesuch bei ABB in Mannheim: Belegschaften, die keinerlei Beziehung zur Kirche hatten und auch 1989 nicht gerade die Speerspitze der Friedlichen Revolution dargestellt hatten; Gewerkschaftsfunktionäre, die, wie ich selbst, aus Westdeutschland stammten und zunächst erst einmal Vertrauen aufbauen mussten. Und gleichzeitig mussten sie auf die Versuche reagieren, in Ostdeutschland Arbeitnehmerrechte abzubauen, und die Trümmer der Treuhandpolitik beiseite räumen. 1996 wurde ich von der IG Metall gebeten, im Aluminiumwerk in Rackwitz am 2. Weihnachtsfeiertag eine Art Gottesdienst zu halten. Nachdem die Geschäftsführung kurz vor Weihnachten die Gesamtvollstreckung beantragt hatte, besetzten die 450 Arbeitnehmer das Werk. Ich sagte spontan zu, besorgte einen Posaunenchor und sprach mich mit der Kollegin vor Ort, Pfarrerin Dorothea Arndt, ab. Für sie war eine solche Aktion absolutes Neuland. Der Gottesdienst fand auf dem Werksgelände im Kulturraum statt – der den Charme eines DDR-Biotops hatte: an den Fenstern Spitzengardinen, die Bühne noch vom letzten Fasching mit staubbleichen Girlanden dekoriert und der muffig-strenge Geruch nach dem von Zigarettenqualm durchtränkten Linoleum und der Formaldehyd getränkten Holzverkleidung. Im Raum drängten sich 300 Menschen: die Betriebsangehörigen mit ihren Familien. Bedrückte und erwartungsvolle Gesichter von Menschen, die zum größten Teil noch nie einen Gottesdienst besucht oder eine Kirche von innen gesehen hatten. Und nun sangen wir gemeinsam die bekannten Weihnachtslieder, beteten, und ich erzählte ihnen die Weihnachtsgeschichte – von Maria und Josef, die vom Globalisierer Augustus wie Schachfiguren hin und her geschoben werden, denen Gott aber mitten im Weltgefüge von Oben und Unten mit der Geburt Jesu eine neue Geschichte eröffnet, in der sie nicht mehr als willenlose Objekte der Macht zu funktionieren haben, sondern als von Gott berufene eigenständige Persönlichkeiten der Gerechtigkeit, Barmherzigkeit und Ehrfurcht vor dem Leben dienen können. Das sind Augenblicke, an denen das Evangelium so griffig, lebendig und aktuell werden kann wie sonst kaum.

Als es im April 1993 zum ersten großen Streik der Metallarbeiter in Ostdeutschland (seit 1953 bzw. 1933) kam, ereignete sich etwas, das schlaglichtartig verdeutlichte, wie schwer auch den Gewerkschaften der Einigungsprozess fiel. Damals ging es um wenige Pfennige Lohnerhöhung (natürlich mit der Grundforderung: Angleichung der Gehälter an das Westniveau). Auf einer großen Kundgebung auf dem Augustusplatz sprach der damalige Vorsitzende der IG Metall, Franz Steinkühler. 50.000 Beschäftigte hörten ihm – sichtbar überwältigt von den neuen Möglichkeiten des Streiks – gebannt zu. Doch während Franz Steinkühler seine kämpferische Rede hielt, erhöhte sich unbemerkt an den Börsen der Wert seiner Daimler-Benz-Aktien, die er als Aufsichtsratsmitglied mit Insiderwissen gekauft hatte. Steinkühler musste im Mai 1993 zurücktreten. Aber das moralische Desaster blieb. Und die Frage war für mich wenig später: Warum für Lohnerhöhungen kämpfen, wenn doch die Priorität darin liegen muss, erwerbslosen Menschen neue Arbeitsmöglichkeiten zu eröffnen? – In Leipzig waren von ca 100.000 Arbeitsplätzen im produzierenden Gewerbe ganze 10.000 übriggeblieben. –

Warum Spitzengehälter für Manager zahlen, die nicht nur den Leistungsgedanken von oben her zerstören (denn keines Mensch Leistung kann Millionengehälter rechtfertigen), sondern die auch erwirtschaftet werden müssen? Wie wenig die IG Metall bereit war, sich auf die neuen Verhältnisse einzustellen, wurde vor allem beim Metallarbeiter-Streik 2003 deutlich, mit dem die 35-Stunden-Woche in Ostdeutschland durchgesetzt werden sollte – eine von westdeutschen IG Metall-Funktionären den ostdeutschen Arbeitnehmern übergestülpte Forderung. In Leipzig sollte eine Großkundgebung stattfinden. Doch statt der erwarteten 10.000 Metallarbeiter verloren sich ein paar hundert auf dem Marktplatz. Das war eigentlich vorhersehbar, denn es gab nur noch wenige Betriebe, die dem Arbeitgeberverband und damit der Tarifgemeinschaft angehörten – und die wenigen waren zumeist Teil großer Konzerne. Schließlich wurde der Streik abgebrochen, weil für diese Forderung keine Basis vorhanden war. Die politische Verantwortung dafür übernahm aber in der IG Metall zunächst niemand.

Für mich wurde immer deutlicher: Wenn wir den Grundwert der Gerechtigkeit neu bestimmen wollen, dann müssen wir den Paradigmenwechsel vom Anspruch zur Beanspruchung, von Versorgung zur Beteiligung vollziehen. Das entspricht auch dem biblischen Denken: Gerechtigkeit bedeutet, die Menschen, die durch fremde Mächte ausgegrenzt und von

Beteiligung abgehalten wurden, neu und aktiv in das Leben einzubeziehen. Und dann muss auch Arbeit anders definiert werden. Bis jetzt verstehen wir Arbeit einseitig als Erwerbs- bzw. Lohnarbeit. Nur vor diesem Hintergrund macht es Sinn, von Arbeitslosigkeit oder einem ersten und zweiten Arbeitsmarkt zu sprechen. Arbeit bedeutet aber zuerst und vor allem die Beteiligung eines Menschen an der Gestaltung des gesellschaftlichen Lebens durch Einsatz seiner Gaben und Fähigkeiten. Dies kann durch verschiedene Formen von Arbeit geschehen: Erwerbsarbeit, gemeinnützige und ehrenamtliche Arbeit, Familienarbeit (Erziehung, Haushalt, Pflege). Natürlich bleibt es entscheidend und notwendig, dass der Mensch durch seine Arbeit über ein Einkommen verfügt, von dem er (auch im Alter) leben und seine Familie ernähren kann. Diese Notwendigkeit kann aber nicht mehr allein durch Erwerbsarbeit erfüllt werden. Wenn das richtig ist, dann müssen wir dafür Lösungen finden, dass Menschen ohne die Möglichkeit, einer Erwerbsarbeit im üblichen Sinn nachzugehen, trotzdem ihren Lebensunterhalt »verdienen« können: durch ein Grundeinkommen, für das ihnen eine Arbeitsleistung abverlangt wird.

An einer selbstkritischen Einsicht kommen wir nicht vorbei: Die Ruhigstellungspolitik der vergangenen 30 Jahre ist mit den ethischen Maßstäben des christlichen Glaubens ebenso unvereinbar wie das faktische Überflüssigerklären von Menschen durch Ausschluss von Beteiligung. Und das gilt unabhängig davon, ob die Sozialkassen voll oder leer sind. Wir stehen als Kirche mit in der Verantwortung, den Skandal der Finanzierung von Nichtarbeit zu beenden und für ein neues Verantwortungsbewusstsein in allen gesellschaftlichen Schichten einzutreten. Dazu gehören auch das Erlernen von Grundfertigkeiten (Umgang mit Geld, Haushaltsführung, Tageseinteilung, Erziehung) und der entschlossene Kampf gegen die Bereicherungsmentalität einiger in den Führungsschichten unserer Gesellschaft. Am wichtigsten aber sind drei Dinge:

1. Neben der Einführung des Mindestlohns müssen in allen Bereichen unserer Gesellschaft dauerhaft Einfachstarbeitsplätze geschaffen werden, deren Finanzierung über eine Kombination von staatlicher Leistung (Grundeinkommen) und Beitrag der Einsatzstellen organisiert wird. Das ist allemal kostengünstiger, vor allem aber der Würde des Menschen angemessener, als mit einem ständig wachsenden finanziellen Aufwand den sozialen Niedergang von Männern, Frauen und ihren Familien zu subventionieren.
2. Wenn jedes Jahr 80.000 Jugendliche Bildungseinrichtungen ohne Abschluss verlassen, müssen wir uns fragen, wie wir mit diesen Menschen, die eine Lebenserwartung von sechs und mehr Jahrzehn-

ten haben, umgehen. Es bedarf eines alle Beteiligten verpflichtenden gesellschaftlichen Konsenses darüber, dass kein Jugendlicher ohne Abschluss die Schule verlässt. Diese Forderung umzusetzen, kostet zunächst kein Geld – aber das Engagement aller und ein neues Sichkümmern vor Ort sind vonnöten.

3. So wichtig sozialdiakonische Initiativen wie die Kirchliche Erwerbsloseninitiative, die Leipziger Tafel oder das Restaurant des Herzens sind – wir benötigen heute vor allem Initiativen, durch die Menschen über Beanspruchung aktiviert werden können, so dass sie die ihnen verlorengegangene Selbständigkeit neu ausbilden lernen. Wir sollten daran denken, dass die Arbeiterbewegung nicht nur die Verbesserung der Arbeitsbedingungen im Blick hatte, für gerechten Lohn und angemessene Arbeitszeiten kämpfte, sondern auch der inneren Zerrüttung der Familien durch Bildungs- und Gesangsvereine, Sport- und Wandergruppen begegnete.

Auf dem Hintergrund dieser Überzeugungen habe ich die sog. Hartz-IV-Reform grundsätzlich begrüßt und unterstützt – und mich von den Protesten in Leipzig Ende 2003 zurückgezogen. Das führte auch zu Differenzen zwischen Christian Führer und mir. Schon bevor ich meine Tätigkeit in Leipzig begann, hatte ich zu ihm Kontakt gesucht. Mir lag sehr an der

Korrektur des Bildes: hier die Nikolaikirche, Ort der Friedensgebete und Zentrum der Friedlichen Revolution – dort die Thomaskirche, die im Oktober 1989 angeblich verschlossen war. 1992 war noch sehr deutlich zu spüren, wie kritisch das Wirken von Pfarrer Hans-Wilhelm Ebeling in der Leipziger Öffentlichkeit gesehen wurde. Darunter hatte auch das Ansehen von Superintendent Johannes Richter gelitten, obwohl dieser in all den schwierigen Jahren Haltung bewahrt hatte. Insofern hatte ich mich bemüht, über den Marktplatz hinweg eine Brücke zu schlagen, was von Superintendent Richter immer unterstützt und begrüßt wurde. In den ersten Jahren haben Christian Führer und ich viele gemeinsame Initiativen gestartet: 1992 den Kerzenmarsch zwischen Nikolai- und Thomaskirche gegen die aufkommende Ausländer- und Fremdenfeindlichkeit; 1993 den Protest gegen die Waffenbörse; 1995 unser gemeinsames Papier »Das Schweigen überwinden – Friedenspolitik neu gestalten«, mit dem wir unseren Einspruch gegen die Militarisierung der Politik formuliert haben; die Demonstrationen gegen den Kosovo-Krieg 1998/1999 und vor allem gegen den Irak-Krieg 2003. Einig waren und sind wir uns auch darin, dass den Neonazis entschlossen entgegengetreten werden muss. Bei all diesen Aktionen erwies sich die Zusammenarbeit zwischen dem charismatischen Theologen, beseelt von einer entwaffnenden und aufrüttelnden Jesus-

Frömmigkeit, der so unmittelbar und glaubwürdig Hoffnung wecken und Kleingläubigkeit überwinden kann, und mir als sehr fruchtbar. Zu danken habe ich Christian Führer, dass er mich sofort nach meinem Arbeitsbeginn zum sog. »Überparteilichen Gespräch« einlud, eine monatliche Zusammenkunft von abgewickelten Universitätsprofessoren wie dem Ex-Rektor Prof. Dr. Horst Hennig, von Menschen aus der Kulturszene wie dem damaligen Intendanten vom »Theater der Jungen Welt«, Hanns Gallert, und dem Kabarettisten Bernd Lutz Lange sowie Leuten aus dem politischen Bereich wie dem Vorsitzenden der PDS Leipzig, Dr. Klaus Hesse und dem Baptistenpfarrer und OB-Kandidaten von Bündnis 90/Die Grünen Karsten Speck. Das waren hochspannende Abende, heftige Debatten, die mir einen Einblick in die geistig-moralische Großwetterlage Leipzigs zwei Jahre nach der Friedlichen Revolution gaben. Allerdings war absehbar, dass diese Gruppierung nicht lange würde existieren können – sie erwies sich als zu PDS-lastig und erschöpfte sich zunehmend im Lecken der Wunden.

Für mich überraschend war, dass Christian Führer und ich die weitaus größeren Differenzen in kirchlichen Fragen hatten. Der Versuch 1994/1995, gemeinsam Visionen für die Kirche in Leipzig zu entwickeln und damit auf den sich klar abzeichnenden Veränderungsdruck zu reagieren, scheiterte. Die Gruppe, die sich dazu monatlich traf, hatte kein langes Leben. Zu unterschiedlich waren die Positionen und Erfahrungen. Unter anderem trat ich schon damals für eine grundlegende Erneuerung der Profile und Strukturen der Kirche Leipzigs ein. Eine Kirche, deren Gemeindestruktur und Gebäudebestand aus einer Zeit stammt, als eine halbe Millionen Menschen ihr angehörten (jetzt aber nur noch 60.000), muss grundlegende strukturelle Reformen in Angriff nehmen, will sie nicht einen erheblichen Teil ihrer Ressourcen verpulvern. Doch vielen Christen in Leipzig ging es zunächst gar nicht um strukturelle Fragen. Vielmehr versuchten sie, die Erfahrungen aus der DDR-Zeit zu bewahren: Kirche zu sein im Gegenüber zu Gesellschaft und Staat. So wichtig das war – die kritische Reflexion, dass Kirche auch zu DDR-Zeiten Teil der Gesellschaft war und durch diese geprägt wurde und dass sie allein deswegen unter den veränderten gesellschaftlichen Bedingungen einem Veränderungsdruck ausgesetzt war, kam dabei zu kurz. An dieser Stelle brachen immer wieder Unterschiede auf. Doch all das ändert nichts daran, dass ich mir die vergangenen 20 Jahre ohne Christian Führer nicht vorstellen kann und es als Glücksfall ansehe, dass wir über 15 Jahre lang in unserer Unterschiedlichkeit gemeinsam an den beiden Leipziger Innenstadtkirchen wirken konnten.

Investor Gott

Ansprache beim Weihnachtsgottesdienst
im Aluminiumwerk Rackwitz
am 26. Dezember 1995

Weihnachten, wie wir Christen es feiern, ist kein Fest der Starken, der Macher, der Funktionäre. Weihnachten ist das Fest der kleinen Leute – Maria, die einfache Frau; Josef, der Zimmermann; die Hirten, einfache Landarbeiter. Mit dem Weihnachtsfest macht Gott die Menschen, die sich an den Rand gedrängt fühlen, zu Akteuren der Weltgeschichte. Und die, die meinen, sie haben das Heft in der Hand, die weist Gott in ihre Schranken. Wir haben es vorhin in der Weihnachtsgeschichte gehört: Da schiebt der mächtige Kaiser in Rom, Augustus, die Menschen erst einmal durch die Landschaft. Und warum? Er braucht für seinen Unterdrückungsapparat Geld. Steuern müssen eingetrieben werden. Zunächst funktioniert alles, weil alle parieren. Auch Maria und Josef. Von Nazareth müssen sie nach Bethlehem ziehen.

Augustus, den römischen Weltenherrscher, interessieren die regionalen oder familiären Belange herzlich wenig. Es interessiert ihn nicht, was aus einem entvölkerten Nazareth und einem von Flüchtlingen überschwemmten Bethlehem wird. Die Welt ist für ihn ein Dorf. Globalisierung – was sich hinter diesem schrecklichen Wort an Menschenverachtung verbirgt, war schon vor 2000 Jahren eine Wirklichkeit.

Und heute? Da wird von den Erwerbslosen erwartet, im Umkreis von mindestens 70 Kilometer einen Arbeitsplatz anzunehmen. Da spielen soziale Bezüge, die Familie, Umweltfragen keine Rolle. Alles ist in Bewegung. Alles soll überall zu jeder Zeit produziert werden. Was mit den Menschen wird, hier in Rackwitz oder in Brasilien, in Tschechien oder in Südkorea oder in Peru, das ist den Machern ziemlich egal. Das ist Ausdruck von menschenverachtender Macht: Betriebe aufmachen, Betriebe schließen, absahnen, Menschen rochieren lassen wie auf dem Schachbrett, während man selbst auf den Bahamas oder auf einem Luxusliner im Pazifik in der Sonne liegt.

Zunächst waren Maria und Josef auch Opfer dieser Rochade der Macht, mit allen Folgen. In Bethlehem angekommen, suchten sie nach einem Quartier und fanden keinen Raum in der Herberge. Zu allem Überdruss war Maria auch noch schwanger. »Muss das denn sein in einer Zeit, in der alles so unsicher ist?«, wird sich mancher gefragt haben, der Maria bedauerte, aber auch nicht helfen konnte oder wollte.

Und so braucht sich niemand zu wundern, dass heute so wenig Kinder geboren werden. Auf dem Arbeitsmarkt in Ostdeutschland sind es vor allem die Frauen, die in die Erwerbslosigkeit getrieben werden. Alleinerziehende Mütter haben es besonders schwer.

Doch was für ein zynisches Denken verbirgt sich hinter der vielfältigen Form von Kinderfeindlichkeit? Die gleichen Leute, die ständig von der Zukunftsfähigkeit des Standortes Deutschland reden, entziehen der wirklichen Zukunft, nämlich den Kindern, die Existenzgrundlage.

Aber nun beginnt sich die biblische Weihnachtsgeschichte von üblichen, elenden Abläufen zu lösen. Denn Maria gehörte nicht zu den Frauen, die sich die Zukunft von der Männerwelt aus den Chefetagen diktieren, d. h. verbauen lässt. In ihrem Lied, das sie während ihrer Schwangerschaft unzählige Male sang, machte sie sich Mut. In der Bibel ist uns dieses Lied überliefert:

Der Herr ist mein Retter
Mich, die niedrige Magd, hat er gesehen. …
er stößt die großen Herren von ihren Thronen.
Die Niedrigen aber hebt er empor und richtet sie auf.
(aus: Lukas 1,47 ff.)

Diese Töne waren es, die Maria stolz machten, die ihr Kraft gaben. Gott ist auf ihrer Seite, darum braucht sie sich nicht zu fürchten.

Und nun wird das Jesuskind in der Heiligen Nacht geboren. Kaiser Augustus und sein Statthalter Quirinius werden damit unwichtig. Ihnen ging es nur um sie selbst und um ihren Machterhalt. Darauf liegt kein Segen und deswegen hat ein solches Leben auch keine

Zukunft. Jetzt steht im Zentrum des Geschehens das Kind in der Krippe. Und bei denen, die sich um die Krippe scharen, rücken die Maßstäbe in den Mittelpunkt, die Gott durch Jesu Geburt hat lebendig werden lassen.

Durch diese Maßstäbe kann, durch sie wird unser Leben erneuert, wenn wir uns auf sie einlassen – so wie die Hirten, die dem Ruf der Engel folgten: *»Heute wird euch der Retter geboren«* – nicht in einem Palast, nicht an der Börse, wo die Einführung von Aktien wie ein Gottesdienst zelebriert wird, nicht im Fünf-Sterne-Hotel, sondern in einem armseligen Stall, in einer Krippe. Da findet ihr das, was ihr sucht, das, was wir heute so dringend brauchen, um unsere Gesellschaft zu erneuern:

Barmherzigkeit: Mit ihr begegnet Gott uns Menschen, die so oft am eigenen Leben scheitern. Darum wollen wir durch eine Kultur der Barmherzigkeit dranbleiben an denen, die im gnadenlosen Konkurrenzkampf nicht mithalten können oder wollen. Niemand soll sich selbst aufgeben. Und wir dürfen niemanden vorschnell aufgeben.

Gerechtigkeit: Wir müssen uns immer wieder daran erinnern: Jesus wollte die Reichen vom Diktat, von der knechtenden Macht des Reichtums und die Armen von der Demoralisierung durch Armut und soziale Ausgrenzung befreien. Darum gilt: Gerechtigkeit ist nur zu haben, wenn wir endlich alle Bürgerinnen und Bürger gleichberechtigt an Erwerbsarbeit, an Einkommen und sozialer Sicherheit beteiligen.

Ehrfurcht vor dem Leben: Sie beginnt mit der Ehrfurcht vor dem Kind und den Kindern und bleibt nicht bei der Würde der Schwachen, der Behinderten, der Benachteiligten stehen.

Barmherzigkeit, Gerechtigkeit, Ehrfurcht vor dem Leben – das fanden die Hirten in der Krippe, lebendig in Jesus Christus. Und nun sagten die Hirten nicht: das hat doch sowieso keinen Sinn. Gegen den Augustus können wir nichts ausrichten. So wie manche unter uns sagen: Die Gottschols bekommen doch immer Recht. Nein, die Hirten brachen auf, priesen und lobten Gott und erzählten es weiter, was sie gehört und gesehen hatten.

Ihnen ist es zu verdanken, dass wir heute, in diesen so bitteren Zeiten, nicht sprach- und hoffnungslos bleiben. Ihnen ist es zu verdanken, dass wir auch heute den Maßstab hochhalten, den viele schon auf den Müllhaufen der Markwirtschaft kippen wollen: *Solidarität.*

Auch die Solidarität wurde in der Krippe geboren: zusammenfinden, zusammenstehen, zusammenleben, zusammenbleiben – in der Familie, im Betrieb, in der Gewerkschaft, in der Kirchgemeinde, in der Gesellschaft. So wird die uns vertraute Krippe mit dem Jesuskind, mit Maria und Josef, mit Ochs und Esel, mit den Hirten und den Königen zum Gegenbild für unsere in Verlierer und Gewinner gnadenlos gespaltene Welt.

Und so dringen wir zur eigentlichen Botschaft der Weihnachtsgeschichte vor: *Gott investiert in seine Schöpfung, in uns Menschen* – und zwar das Wertvollste, was er besitzt, seinen Sohn Jesus Christus. Darum können und müssen auch wir wieder lernen, unseren elenden Egoismus zu überwinden und in die Menschen, vor allem auch in die jungen Menschen zu investieren. Investieren in eine neue Politik der Gemeinschaft. Investieren in Bildung und Ausbildung, damit die Verelendung nach unten ebenso verhindert wird wie die Häufung von Reichtum und Privilegien in der Ober- und Mittelschicht. Investieren, damit die Botschaft, die die Hirten vernommen haben, wieder für viele zu einer tragfähigen und glaubwürdigen Verheißung wird: Ihr werdet gebraucht. Ohne euch, ohne die Menschen, die ins soziale Abseits geschoben werden sollen, ist unser aller Leben wertlos.

Ja, Gott braucht uns, euch alle – als Hirten, als Könige, auch als Ochse und Esel, als Josef, als Maria – eben als Menschen, die sich von Neuem zum Leben, zur Hoffnung, auch zum Kampf berufen lassen. Komme, was wolle – auch 1996 wird mit Jesu Geburt für einen jeden von uns ein neues Kapitel seines Lebens aufgeschlagen. Daran kann – Gott sei Dank – niemand etwas ändern. Amen.

Umbruch und Aufbruch – Kirche unter Veränderungsdruck

Als ich Anfang 1992 nach Leipzig kam, lernte ich eine geschrumpfte und marginalisierte Kirche in einer nicht nur passiv entchristlichten, sondern aktiv »entchristianisierten« Gesellschaft (Friedrich Schorlemmer) kennen, die mir dennoch in Vielem kraftvoll erschien. Dazu ein paar Zahlen: Leipzig hatte vor 1933 über 700.000 Einwohner, davon waren 500.000 evangelisch. Heute bekennen sich von 525.000 Bürgerinnen und Bürgern knapp 60.000 zur Evangelischen Kirche, ca. 4 % gehören der Römisch-katholischen Kirche an. Also sind 80 % der Leipziger Bevölkerung nicht religiös gebunden. Die Kirchgemeinde St. Thomas hatte 1948 knapp 30.000 Mitglieder, nun zählen sich 4.500 Christen zur Thomaskirche.

Hinter den Zahlen stehen über sechs Jahrzehnte einer »diktaturstaatlichen Doppelschädigung« (Kurt Nowak). Zwar begann der Prozess der Säkularisierung in den deutschen Ländern schon mit der bürgerlichen Revolution von 1848. Doch im Osten Deutschlands wurde er durch die zwei Diktaturen des 20. Jahrhunderts stark beschleunigt. Erst wurde versucht, die Kirche für den Faschismus zu instrumentalisieren, später für den Sozialismus. Das gelang aber nicht.

Und so bemühte sich der DDR-Staat um eine weitestgehende Marginalisierung der Kirchen. Was das konkret heißt, erlebt man in einer Stadt wie Leipzig sehr schnell. Das gesellschaftliche Leben ist nicht (mehr) wenigstens von Rudimenten der christlichen Tradition durchdrungen: Ob es das Schubertsche »Heilig, heilig, heilig«, vom Straßenbahnerchor beim Trauergottesdienst für einen verstorbenen Kollegen gesungen, oder ob es die Mitarbeit des Turnvereins oder der Freiwilligen Feuerwehr beim Gemeindefest ist – in Leipzig, Halle oder Berlin-Hellersdorf gibt es das nicht mehr. Selbst Redensarten wie »von Pontius zu Pilatus« oder auch die »Hiobsbotschaft« kennen die wenigsten und wissen nicht, woher die Ausdrücke kommen. Und die Hauptfigur zu Weihnachten ist für die meisten Ostdeutschen nicht das Christkind, sondern – Ironie der Geschichte – die Coca Cola-Erfindung des Weihnachtsmannes. Ich musste lernen, dass sehr viele Nichtchristen die Kirchen in einer Reihe sehen mit jeder x-beliebigen religiösen Sekte. Satanskult und Beichtstuhl liegen im Bewusstsein entkirchlichter Ostdeutscher nicht weit auseinander. Eine junge Frau berichtete im Taufunterricht für Erwachsene über ein Gespräch mit Freunden in der Disco: Ihre Freunde dachten, es handele sich beim Taufunterricht um spiritistische Sitzungen, in denen der Pfarrer als Guru auftritt und den Raum – samt den Hirnen der Täuflinge – mit Räucherkerzen vernebelt. Ist es für Großeltern in Westdeutschland noch immer schmerzlich, wenn sie erfahren, dass ihr Enkel sich nicht konfirmieren lassen will oder aus der Kirche ausgetreten ist, so ist es in Ostdeutschland genau umgekehrt. Da fragen sich Eltern: Was haben wir bloß falsch gemacht, dass unsere Tochter sich als Erwachsene taufen lässt oder der Enkelsohn den Konfirmandenunterricht besucht? In diesem Jahr kam es bei der Andacht in der Kindertagesstätte des *forum thomanum* zu folgendem Gespräch. Ein fünfjähriger Junge erzählt ganz aufgeregt: *Pfarrer Wolff, ich habe zu Hause eine ganz schwere Arbeit. Mein Vater glaubt nicht an Gott. Meine Mutter nur halb. Aber ich glaube an Gott.* Viele der anderen Kinder rücken näher an ihn heran und bekunden, dass sie auch an Gott glauben. Das also sind die konkreten Hintergründe der Zahlen. Hinzu kommt, dass man als Kirchenvertreter schnell konfrontiert wird mit unbestreitbaren Fehlentwicklungen christlicher Gesellschaften im Verlauf ihrer Geschichte: Kreuzzüge, gewalttätiger Kolonialismus, Hexenverbrennung, Kriegsverherrlichung, Versagen in der sozialen Frage usw.

Eindrücklich ist mir auch das folgende Erlebnis in Erinnerung geblieben: Eine Schulklasse (7. Klasse, keiner von den Schülern ist getauft) kam 1995 in die Thomaskirche, um innerhalb eines Projekttages einen Videofilm zum Thema »Ostern in Leipzig« zu drehen. Sie wollen dazu einen Pfarrer interviewen. Die erste

Frage an mich lautet: »*Warum haben Sie immer noch nicht den Glauben an den Osterhasen verloren?*« Mit allem hatte ich gerechnet, doch nicht mit dieser ohne jeden ironischen Unterton gestellten Frage. Aber ist das so außergewöhnlich? Kinder, Jugendliche, junge Erwachsene haben keinerlei Beziehung zu Glaubensinhalten bzw. christlichen Traditionen. Also wissen sie auch nichts von der Auferstehung Jesu Christi. So müssen sie sich, was Ostern betrifft, irgendetwas zusammenreimen. Da wird dann der Osterhase zu einem mythischen Wesen und die Christen hält man für Menschen, die an etwas glauben, das andere als Schokolade essen oder Eier legen lassen.

Wir leben in Ostdeutschland nicht nur im »entchristianisierten« Teil unseres Landes, wir leben auch unter sehr vielen Menschen, die nichts vermissen, wenn sie keiner Glaubensgemeinschaft angehören, und bei denen wir auch nicht erwarten sollten, dass sie irgendwann einmal, spätestens auf dem Krankenlager, auf die »Gottesfrage« stoßen. Die Mutter einer Schülerin bemerkte einmal: »Mein Kind soll nicht mit Drogen und Kirche in Berührung kommen. Da werde ich wild.« Viele Menschen sind religiösen Fragen gegenüber gleichgültig, wehren ab und verweigern jede Auseinandersetzung damit. Gleichzeitig gehören sie aber zu der Gruppe von Menschen, denen der Zusammenhang zwischen dem Zusammenbruch des real existierenden Sozialismus und der militanten Verdrängung des Religiösen überhaupt nicht bewusst ist und die, wenn man sie darauf anspricht, durchaus aggressiv reagieren. Die Menschen meinen, man wolle mit diesem Hinweis ihre Vergangenheit delegitimieren.

Auf diesem Hintergrund musste ich 1992 eine erste Korrektur meiner Ansichten vornehmen: Schrumpfen ist kein Gesundungs-, sondern ein Krankheitsprozess. Bis 1992 gehörte ich auch zu den Menschen, die sich die marode Situation der ostdeutschen Kirchen schöngeredet haben: *»Die haben sich gesund geschrumpft. Es gehören eben nur noch die zur Kirche, die sich wirklich zum Glauben bekennen.«*, dachte nicht nur ich. Nicht zuletzt Superintendent Richter öffnete mir die Augen. Denn er vertrat die ernüchternde These: Wenn 1989 die DDR nicht implodiert wäre, dann hätte die Kirche nicht mehr lange durchgehalten. Zu sehr war sie personell und kräftemäßig ausgezehrt. Gerade der personelle Notstand sollte nicht unterschätzt werden, auch wenn man bis heute darüber kaum sachlich reden kann. Denn das Reservoir, aus dem die Kirche ihren Nachwuchs schöpfen konnte, wurde unter DDR-Bedingungen immer kleiner. Und noch eines war für mich überraschend: Der Grad der Beteiligung am kirchlichen Leben war zu DDR-Zeiten prozentual nicht anders als in Westdeutschland. Aber einen wesentlichen Unterschied gab es: Die ostdeutschen Kirchgemeinden mussten sich in dem diktatorischen DDR-System behaupten. Sie öffneten vor allem in den 80er Jahren ihre Türen für Menschen und oppositionelle Gruppen aus dem nichtkirchlichen Bereich. Zum ersten Mal in der Geschichte stand die Evangelische Kirche in Deutschland auf der richtigen Seite der Barrikaden.

Wie hatte ich im Vergleich dazu die Evangelische Kirche in Westdeutschland erlebt? Ende der 70er und in den 80er Jahren des vorigen Jahrhunderts war sie, waren wir zum einen inhaltlich beschäftigt mit wichtigen Fragen und Ortsbestimmungen – und ich habe mich daran kräftig beteiligt: der konziliare Prozess für Gerechtigkeit, Frieden und Bewahrung der Schöpfung, das politische Mandat der Kirche, das Verhältnis von Juden und Christen, Segnung gleichgeschlechtlich zusammenlebender Paare – alles Entscheidungssituationen, die auch zu heftigen Richtungskämpfen und Auseinandersetzungen führten. Doch über das eigentliche Drama, das sich damals vollzog, haben wir kaum debattiert: Jedes Jahr verloren Großstädte wie Mannheim eine komplette Gemeinde durch Kirchenaustritte. Gleichzeitig nahm die Zahl der Kirchenmitglieder rapide ab, die auch im Alltag in der Glaubenswelt des Christentums beheimatet waren. Und wie haben wir darauf reagiert? Überhaupt nicht – ich schließe mich da selbst mit ein, auch wenn ich 1989 aus der Einsicht heraus, dass wir etwas für die Glaubensbildung tun müssen, einen Konfirmandenunterricht für Erwachsene ins Leben rief. Stattdessen wurden weiter neue Stellen geschaffen, Sonderpfarrämter eingerichtet, Häuser gebaut – und nur ganz, ganz wenige haben die damaligen Zahlen hochgerechnet und kamen zu einem Ergebnis, das heute durch die Realität übertroffen wird: Die Zahl der Menschen, die damals im Alter zwischen 20 und 30 Jahren die Kirche verlassen haben, potenziert sich heute. Denn diese Menschen haben ihre Kinder gar nicht erst taufen lassen. Und diese von vornherein ungetauften Kinder sind inzwischen so alt, dass sie ebenfalls eine Familie gründen ... Mit diesem Exodus ging und geht ein Traditionsabbruch einher, der inzwischen dramatische Ausmaße angenommen hat und bei zu vielen Menschen zu einer beängstigenden Inhaltsleere ihrer Existenz führt. Jetzt stehen auch die westdeutschen Kirchen vor den Folgen eines schleichenden Schrumpfungsprozesses – und sehen sich gleichzeitig einer unübersichtlich gewordenen religiösen und ideologischen Landschaft gegenüber, in der wir von Glück sagen können, dass die institutionelle Festigkeit der Kirchen deren inhaltlichen Erosionsprozess noch überlagert. Aber wie lange kann und wird das gutgehen?

Zurück zu 1992. Vieles kam mir im kirchlichen Leben Leipzigs ausgebrannt und ausgelaugt vor. Eigentlich kein Wunder nach den Jahrzehnten der Einschüchterung und eines damit einhergehenden Kräfteverschleißes. Auf der anderen Seite hatte sich nach der Friedlichen Revolution das sozial ausdifferenziert, was vorher schon angelegt war: Die Mitglieder der Kirche gehörten zur gehobenen Schicht, was bei Minderheitskirchen nicht überraschen darf. Außerdem kamen die Kirchenmitglieder grundsätzlich besser mit den Veränderungen im alltäglichen Leben zurecht. Mit anderen Worten: Nirgendwo ist die Kirche so wenig Volkskirche wie in Ostdeutschland. Von daher ist auch zu erklären, warum der kurze Prozess der Friedlichen Revolution, der ja wesentlich von der Kirche angestoßen und mitgetragen wurde, nicht zu einer nachhaltigen Stabilisierung der Kirchen in Ostdeutschland führte. Zahlenmäßig hat sich seit der Wende relativ wenig verändert. Es ist weder zu einer Eintrittswelle noch zu einer Austrittsbewegung gekommen. Es ist schwer auszumachen, ob sich die Vereinigung der EKD mit dem Bund der Evangelischen Kirchen in der DDR (BEK), die sich 1991 unter den gleichen Gesetzmäßigkeiten und Bedingungen wie die staatliche Einigung vollzog, negativ oder positiv auf das Kirchesein in Ostdeutschland ausgewirkt hat. Bedenklich ist etwas anderes: Die EKD sah Anfang der 90er Jahre keine Notwendigkeit, aus Anlass der Vereinigung das eigene Kirchesein einer kritischen Überprüfung zu unterziehen und einen nun gesamtdeutschen Erneuerungsprozess in Gang zu setzen. Und so wurden relativ unspektakulär in Ostdeutschland der Religionsunterricht eingeführt, das Besoldungssystem und auch die umstrittene Militärseelsorge übernommen. Selbst wenn nicht wenige Christen in Ostdeutschland so wie ich diese Entwicklung kritisch sahen, so frage ich mich heute, ob etwas anderes überhaupt möglich gewesen wäre.

So waren die Kirchgemeinden in Ostdeutschland in der ersten Hälfte der 90er Jahre weitgehend damit beschäftigt, sich auf die für sie grundlegend neue Situation einzustellen, die zunächst wie eine Angleichung an Westdeutschland aussah. Das habe ich so auch an der Thomaskirche erlebt. Für mich galt es dabei, den Spagat zu bewältigen, die notwendigen Veränderungen (und das waren im wahrsten Sinne des Wortes auch Aufräumarbeiten) entschlossen anzugehen und gleichzeitig auf die Befindlichkeiten der Mitarbeiter und Kirchvorsteher zu achten. Das war nicht immer einfach. Unvergessen ist für mich die folgende Situation: Eine ältere Dame aus dem Seniorengesprächskreis stürzt am Treppenaufgang zur Bachtür der Thomaskirche und bricht sich den Arm. Etliche Damen kommen zu mir und bitten mich, doch endlich für einen Handlauf zu sorgen. Ich trage das im Bauausschuss vor und bekomme zu hören, dass man über einen solchen Handlauf schon seit 17 Jahren diskutiere. Zu DDR-Zeiten sei es nicht möglich gewesen und jetzt scheitere es am kirchlichen Baupfleger und an der Denkmalspflege. In Gedanken habe ich mich an die Stirn gefasst, nach außen hin aber ganz ruhig gesagt:

Ehe noch einer die Treppe hinunterstürzt, werde ich den Handlauf in Auftrag geben. Nach zwei Wochen war der Handlauf angebracht. Und nun die Reaktion: auf der einen Seite Freude bei vielen Gemeindegliedern, auf der anderen Seite Frust im Kirchenvorstand: Da muss also einer aus dem Westen kommen … hält sich an keinen Beschluss und handelt einfach. Ohne solche beiderseitigen Blessuren ging es nicht. Aber auf Dauer half es, das offen an- und auszusprechen, um nach und nach zu gemeinsamen Vorgehensweisen zu gelangen.

Nun hatte der sog. Hilfsplan II der westdeutschen Landeskirchen, mit dem die ostdeutschen Landeskirchen seit 1990 unterstützt wurden, durchaus segensreiche, aber auch fatale Folgen: segensreich, weil er den Kirchgemeinden erlaubte, die neuen Gehälter bezahlen zu können; fatal, weil er jede Reformbemühung im Keim erstickte. So war es nicht verwunderlich, dass Ende 1995, als der Hilfsplan II auslief, deutlich wurde, dass den ostdeutschen Kirchen nun eine grundlegende Sanierung bevorstand. Denn in einem waren Ost und West durchaus vergleichbar: in der üppigen personellen Ausstattung kirchlicher Arbeit. Die war möglich, weil sich das Gehaltsgefüge zu DDR-Zeiten auf einem sehr geringen Niveau bewegt hatte und nach 1990 die durch die Einführung des westdeutschen Tarifsystems rasant gestiegenen Personalkosten zunächst durch die westdeutschen Kirchen subventioniert wurden. Doch damit war Ende 1996 Schluss, Schluss auch mit der Gedankenlosigkeit, der fast zwangsläufigen Konsequenz jeder Subventionspolitik. Defizitäre Haushalte und ein drastischer Personalabbau waren die Folge. Wenn man die sächsische Landeskirche als einen Konzern betrachtet, hätten wir von Massenentlassungen sprechen müssen. Ökonomisch ausgedrückt kam es zu einer notwendigen Marktbereinigung.

Auch an der Thomaskirche standen wir 1998 vor der Frage: entweder Beschäftigte entlassen und deren Beschäftigungsumfang reduzieren oder die Gehälter über Kredite finanzieren. Es gab keinerlei Spielraum – weder finanziell noch zeitlich. Ich erinnere mich noch gut an die bedrückende Situation in den Dienstbesprechungen und den Kirchenvorstandssitzungen, zumal ich mir selbst eine solche Situation bis dahin nicht habe vorstellen können. Es gab keinen landeskirchlichen Topf, in den wir greifen konnten. Dennoch mussten wir mit der Situation umgehen. Wir haben dann zwei Dinge miteinander verbunden: ein straffes Sparprogramm einschließlich Entlassungen und Deputatsreduzierungen und ein Programm des Aufbruchs. Für Ersteres haben wir gemeindeintern eine Art Sozialplan erarbeitet. Die verbliebenen Beschäftigten, einschließlich der Pfarrer, deren Deputate nicht gekürzt wurden, zahlten ca. 10 % ihres Nettoeinkommens regelmäßig in einen Personalstützungsfond ein. In Blick auf das Zweite aber haben wir 1996 – bei komplett leerer Kasse! – beschlossen, die Thomaskirche bis zum Jahr 2000, dem 250. Todestag von Johann Sebastian Bach, der hier 27 Jahre als Thomaskantor wirkte, vollständig zu restaurieren und instand zu setzen. Für den geschätzten Kostenaufwand von 12,5 Mio. Euro mussten fünf Mio. Euro als Eigenmittel über Spenden akquiriert werden. Bis Ende 1996 erstreckte sich der Sanierungsplan für die Thomaskirche auf das Jahr 2020. Das war natürlich illusorisch. Anfang November 1996 wurden Superintendent Richter und ich in den Kulturausschuss des Stadtrates Leipzig eingeladen, um über den baulichen Zustand und eine möglichen Renovierung der Thomaskirche zu beraten. Als Richter sich beklagte, dass sich keiner wirklich verantwortlich für die Thomaskirche fühle, jeder aber gerne komme, um das Weihnachtsoratorium zu hören, fragte der damalige CDU-Stadtrat Michael Kölsch spitz zurück, was denn die Thomaskirche selbst für Ideen habe, die Sanierung zu forcieren. Da bekam ich innerlich rote Ohren. Denn er traf einen wunden Punkt. Wir hatten weder eine Idee noch eine Strategie. Am nächsten Tag ging ich zu Richter und sagte ihm, so etwas wie gestern im Kulturausschuss dürfe uns nicht noch einmal passieren. Wir müssten ein Konzept für die Renovierung der Thomaskirche entwickeln. Und dann geschah das, was ich mit Superintendent Richter oft erlebte: Zunächst ließ er wie ein Vulkan seinen ganzen Frust ab. Und dann, nachdem eine halbe Stunde verstrichen war, ehe ich noch einmal zu ihm ging, hatte er einen Plan, den er auch entschlossen umsetzte. Er rief einen Kreis von Leipziger Bürgern und Bürgerinnen, darunter etliche Banker und der Kulturbürgermeister Dr. Georg Girardet, zur Beratung zusammen. Das war die Geburtsstunde des am 21. März 1997 offiziell gegründeten, sehr erfolgreichen Vereins Thomaskirche-Bach 2000.

Wir wollten nicht einfach den Mangel verwalten, sondern ihn gestalten. Klare Ziele mussten her. Dabei galt es, den Gemeindeaufbau nicht aus den Augen zu verlieren. Denn was nutzt eine sanierte Kirche, wenn sie niemand mehr aufsucht? Von Anfang an haben wir uns darum bemüht, das notwendige Sparprogramm mit der Suche und dem Aufbau neuer Einnahmequellen zu flankieren, was sehr viel mit dem Wecken von Interesse an der kirchlichen Arbeit zu tun hat. Denn mir war spätestens seit Mitte der 90er Jahre bewusst: Die Einnahmen über die Kirchensteuer werden eine immer geringere Rolle spielen. Also haben wir private Finanzierungssäulen aufgebaut. Das Ergebnis vor allem der letzten zwölf Jahre ist:

1. Eine völlige Entschuldung der Kirchgemeinde (die lag 1992 bei zwei Mio. Euro) und die Reduzierung des Kirchensteueranteils am Jahresetat auf zuletzt 23 %.

2. Der Aufbau eines Fördervereins (Thomaskirche-Bach 2000 e.V.), der inzwischen knapp 6 Mio. Euro Spendengelder für die Thomaskirche akquiriert und so dafür gesorgt hat, dass die Renovierung der Thomaskirche ohne Kreditaufnahme und Kirchensteuergelder erfolgreich abgeschlossen werden konnte. Allerdings: Ohne das Zusammenbinden von Kirchgemeinde, Stadt Leipzig und Menschen, die über Geld verfügen, wäre dieser Erfolg nicht möglich gewesen. Und das war mit einem schwierigen Lernprozess verbunden. Denn niemand von uns hatte wirklich eine Ahnung von einem – wie es heute heißt – professionell aufgebauten Fundraising. Dafür haben wir aber durch die Methode »learning by doing« schnell gemerkt, dass das, was oft teuer bei Agenturen eingekauft wird, auch selbst bewerkstelligt werden kann.
3. Eine vom Förderverein gegründete Thomaskirche-Bach 2000-Marketing GmbH, die den Thomasshop betreibt und über die wir Beschäftigungsverhältnisse organisieren, ohne dafür die Genehmigung unserer Aufsichtsbehörden zu benötigen oder in die Tarifstruktur eingezwängt zu sein. Der seit 1998 existierende Thomasshop hat ganz wesentlich die Vermarktung der Thomaskirche und der Bachschen Musik vorangetrieben und muss heute keinen Vergleich mit Museumsshops weltweit scheuen. Verein und GmbH unterstützen

durch ihre Dienstleistungen die Kirchgemeinde jährlich mit ca. 50.000 Euro. Die GmbH hat auch ermöglicht, dass die Kirchgemeinde St. Thomas eine öffentliche WC-Anlage betreibt – eine in jeder Hinsicht segensreiche Einrichtung. Die dort über sog. Minijobs angestellten Mitarbeiterinnen sind hochmotiviert und leisten eine sehr gute Arbeit. Die Mitarbeiterinnen in der WC-Anlage bedienen unsere Telefonzentrale und übernehmen weitere Aufgaben des Pfarramtes. Diese für eine Kirchgemeinde sicher gewöhnungsbedürftige Konstruktion ist für mich auch ein Beispiel dafür, wie mit unkonventionellen Methoden Menschen in Arbeit gebracht werden können. Was wäre die Alternative gewesen? Im Jahr 2000 wollten wir eine WC-Anlage einrichten. Da wir aber als Kirchgemeinde keine Minijobs begründen, sondern Menschen nur in einem tariflich abgesicherten Beschäftigungsverhältnis anstellen dürfen, wäre die notwendige WC-Anlage leider nicht zu finanzieren gewesen. Ergebnis: Es gäbe weder die WC-Anlage noch die Arbeitsplätze. Und nun kann sich jeder fragen: Was ist gerecht?

4. Eine kirchgemeindliche Stiftung (Stiftung Kirchgemeinde St. Thomas Leipzig), mit der wir ganz bewusst ein Angebot für Menschen machen, die sich überlegen, wie sie ihren Nachlass regeln, und mit deren Ertrag wir alle Arbeitsbereiche

der Kirchgemeinde einschließlich Personalstellen finanzieren können (Stiftungskapital derzeit 500.000 Euro). 2011 konnten wir einen wesentlichen Teil des Stiftungskapitals als Kredit für die Kirchgemeinde zur Finanzierung der Renovierung des Matthäi-Hauses einsetzen. Die Zinsen, die die Kirchgemeinde dafür an die Stiftung zahlen muss, erhält sie über die Ausschüttung des Kapitalertrages der Stiftung zurück.

5. Eine übergemeindliche Kapitalstiftung Chorherren zu St. Thomae, mit der wir die Pflege des Erbes von Johann Sebastian Bach in seinen geistlichen Bezügen finanzieren – insbesondere durch die Förderung des Bachfestes, des Thomanerchors und des *forum thomanum*. Inzwischen konnten 19 Chorherren und Chordamen ernannt werden. Chorherr bzw. Chordame kann werden, wer mindestens 50.000 Euro in die Stiftung einlegt.

An dieser Aufstellung kann jeder sehen, dass es sich bei der Frage nach den Finanzen und der Organisationsstruktur einer Kirchgemeinde nicht um äußerliche Dinge handelt, die uns womöglich peinlich sind oder die uns vom »Eigentlichen« abhalten oder gar eine Fremdbestimmung darstellen. Vielmehr geht es auch beim Geld ums »Eingemachte«, um unseren Auftrag, um gute Haushalterschaft. Darum möchte ich betonen: Verwaltung, Finanzen und das Leben einer Gemeinde dürfen nicht auseinanderdividiert werden.

Jede Kirchgemeinde ist nicht nur die »Gemeinschaft der Heiligen«, sondern auch eine Art mittelständischer Betrieb, ein Unternehmen. Nicht das Bekenntnis zu dieser sehr säkularen Einsicht ist gefährlich, sondern die theologisch verbrämte Verleugnung derselben führt uns in Sackgassen und wird in der Regel sehr teuer.

Darum mache ich keinen Hehl daraus: Wir haben uns an der Thomaskirche relativ früh zu strukturellen Veränderungen durchgerungen und auch zur Arbeit nach quantitativen Kriterien bekannt. Wir haben den Anspruch erhoben, mehr werden zu wollen. Denn das fördert und qualifiziert unsere Arbeit. Wir sprechen Menschen unabhängig von ihrer Kirchenzugehörigkeit direkt darauf an, unsere Arbeit zu unterstützen, weil wir davon überzeugt sind, dass wir einen unverzichtbaren Beitrag zum Leben in der Stadt leisten. Und dabei helfen uns auch aktive Spenden- und Kollektenansprachen bei jeder Veranstaltung, ein Kerzentisch und die Spendenaufforderung über ausliegende Umschläge in der täglich geöffneten Kirche. Wir reden jede Woche in der Dienstbesprechung über Zahlen: Wie viele Menschen besuchen unsere Veranstaltungen? Warum sind es nicht mehr, warum weniger? Was können wir verbessern, wo müssen wir umsteuern, was hat sich bewährt?

Für mich war diese Herangehensweise auch eine Konsequenz aus der Einsicht der Fehler, die wir in

Westdeutschland in den 80er Jahren gesündigt haben. Aber noch etwas ist wichtig: Wer so an die eigene Arbeit herangeht, redet vor allem (selbst)kritisch über die Inhalte, den Aufbau von Gottesdiensten, Konzerten und Veranstaltungen, und er reagiert rechtzeitig auf Tendenzen mit dem Pfeil nach unten, er schaut, wo Menschennähe auf der Strecke bleibt. Wer eine Sache so anfasst, benötigt aber vor allem einen Leitgedanken, der die Ziele benennt und jedem vor Augen führt. Unseren Leitgedanken haben wir im Jahr 2000 anlässlich der Kirchenrenovierung entwickelt – zusammen mit Studierenden der Handelshochschule Leipzig (HHL), die damals für uns ein Marketingkonzept erarbeitet haben. Das war eine wunderbare Erfahrung, aus der unser Motto geboren wurde: *Thomaskirche – Ort des Glaubens, des Geistes, der Musik*. Dieser Dreiklang vereint den Auftrag der christlichen Gemeinde mit der besonderen Tradition der Thomaskirche und profiliert sie als zentrales Gebäude der Stadt. Der Dreiklang spiegelt sich auch im Motto des Jubiläums 2012 wieder: *800 Jahre THOMANA – glauben, singen, lernen.* Dabei ist interessant, dass es sich hier um ein städtisches *und* kirchliches Jubiläum handelt, wir also auf Kooperation angewiesen sind, ohne uns dem in Leipzig leider mehr als latenten Ansinnen zu beugen, »weltanschaulich neutral« zu verblassen.

In diesem Zusammenhang möchte ich an das sich im mittelalterlichen Städtebau widerspiegelnde Dreiecksverhältnis Rathaus – Markt – Kirche erinnern, auf das ich vor einigen Jahren durch einen Artikel in der Wochenzeitung DIE ZEIT aufmerksam wurde und das mir nach wie vor sehr hilfreich ist: das Rathaus, in dem die öffentlichen, politischen Angelegenheiten verhandelt werden; der Markt, auf dem die Waren getauscht werden, Handel und Wandel stattfinden; die Kirche, die die Wahrheitsfrage stellt und durch Wort und Tat an Gottes Barmherzigkeit, Gerechtigkeit und die Ehrfurcht vor dem Leben erinnert. Dieses Dreiecksverhältnis ist im Verlauf der Geschichte immer wieder in Schieflage geraten: im Mittelalter durch die Übermacht der Kirche, in den Diktaturen durch Demütigung und Bevormundung durch den Staat und heute durch die Übermacht der Ökonomie und ihr katastrophales Versagen. Mit Letzterem hat auch die Marginalisierung der Kirche und der Werte zu tun, die der jüdisch-christlichen Glaubenstradition entspringen.

Wenn aber kirchliches Leben unerlässlich ist für ein menschliches Miteinander und wir die Wurzeln unserer Zivilisation (Demokratie, Rechtsstaatlichkeit, Menschenwürde) auch in der jüdisch-christlichen Glaubenstradition erkennen können, dann muss Mission zum praktischen Thema jeder einzelnen Kirchgemeinde werden: Wie können wir wieder mehr Christen werden und was können wir zum gemeinschaftlichen Leben vor Ort beitragen – insbesondere im neu zu ordnenden Dreiecksverhältnis Rathaus – Markt – Kirche, aber auch im Verhältnis von Glauben und Wissen und im Blick auf die Gerechtigkeitsfrage? Das heißt: Wir haben allen Grund, als Kirche sehr offensiv und mit einem deutlichen inhaltlichen Anspruch in der Gesellschaft aufzutreten und uns selbst klarzumachen: Es geht uns nicht besser, wenn wir uns in die kleinen Zahlen verlieben. Aber die Menschen sind besser dran, wenn sie sich auf ein von den Kirchen angebotenes geistliches und moralisches Fundament begeben. Gerade weil wir in einer Gesellschaft leben, in der sehr viele Menschen ohne religiöse Bindung auskommen müssen oder meinen, so besser durchs Leben zu kommen, sollten wir mit dem nötigen Selbstbewusstsein auf zwei Dinge hinweisen:

1. Menschen, die nicht glauben, mangelt es potentiell am nötigen inneren Krisenmanagement, da die befreiende Jenseitsperspektive fehlt. Sie haben grundsätzlich mehr Probleme, mit den Verwerfungen ihres Lebens (Verlusterfahrungen, Arbeitslosigkeit, Krankheit, Sterben) zurechtzukommen. Umgekehrt sind die Kirchgemeinden Institutionen, auf die sich die Gesellschaft verlassen kann – insbesondere in Krisenzeiten.
2. Kinder und Jugendliche, die eine kirchliche Sozialisation erfahren haben, sind signifikant weniger anfällig für Kriminalität, Drogensucht und Rechtsextremismus. Das hat etwas damit zu tun, dass alle drei

Problemfelder mit den grundsätzlichen ethischen Maßstäben des christlichen Glaubens unvereinbar sind. Schon allein daraus erwächst der Kinder- und Jugendarbeit, der Christenlehre und dem Konfirmandenunterricht eine besondere Bedeutung.

Wenn wir dem gerecht werden wollen, dann gilt es drei Dinge zu beachten:

1. Unsere Gesellschaft braucht Orte, an denen der Atomisierung der Interessen und den sozioökonomischen Zentrifugalkräften, die unsere Gesellschaft auseinanderzureißen drohen, widerstanden und entgegengewirkt werden kann. Die Bindekräfte des Glaubens, auch die Möglichkeit, mit ihnen Trost und Hoffnung zu spenden, sollten wir nicht unterschätzen. Sie werden ja gerade in Krisenzeiten von vielen Menschen abgerufen.
2. Städte ohne Kirchen und lebendige Kirchgemeinden (und das war das Ziel des sozialistischen Städtebaus und der Erziehungspolitik in der DDR) sind auf Dauer weder lebenswert noch lebensfähig. Die DDR ist an vielem zugrundegegangen, aber eben auch daran, dass sie meinte, auf Kirche ganz verzichten zu können, und dies aktiv betrieben hat. Es ist eben doch ein erheblicher Unterschied, ob eine Gesellschaft durch den christlichen Glauben geprägt ist oder nicht. Das ist jedenfalls meine Erfahrung. Heute vertrete ich die These, mit der ich zur Diskussion herausfordern möchte: Wir können

uns den Atheismus nur leisten, solange es Christen, solange es Kirche gibt. Und darum halte ich es für unerlässlich, dass wir ganz viel für die »Glaubens-Bildung«, also für den Glauben und die Bildung, tun und damit eine Errungenschaft der Reformation, nämlich die Verbindung von Glaube und Bildung, wieder lebendig werden lassen. Als Christen werden wir auf Dauer nur bestehen, wenn wir uns unserer Glaubensgrundlagen bewusst sind, sie kennen. Das ist die Grundvoraussetzung für die Wahrung von Tradition bei gleichzeitigem Aufbruch zu neuen Ufern. Dadurch erst wird ein angstfreies und friedliches Zusammenleben in einer multireligiösen Gesellschaft möglich.

3. Wir brauchen im christlichen Glauben beheimatete Menschen in den Führungspositionen unserer Gesellschaft – und die fangen spätestens bei der Kindergartenleiterin an. Darum ist dem Bildungsanspruch, der mit dem Glauben verbunden ist, auch durch die Kirchgemeinden unbedingt Rechnung zu tragen.

Die sich daraus ergebenden missionarischen Initiativen müssen sich aus meiner Erfahrung fünf Kriterien unterwerfen:

1. Alle missionarische Arbeit der Kirche hat zur Voraussetzung die uneingeschränkte Absage an den Absolutheitsanspruch der eigenen Religion und Konfession. Denn der Absolutheitsanspruch ist

die Quelle für gewalttätigen religiösen Fundamentalismus und für militante Unfreiheit. In der Nachfolge Jesu Christi verbietet sich aber jede Missachtung Andersdenkender oder Andersglaubender.

2. Jedoch: Bei aller notwendigen Kritik am religiösen Fundamentalismus dürfen wir nicht den Fehler begehen, das Heil in Religionslosigkeit, in einem wie auch immer gearteten aufgeklärten Geist, in einer Säkularisierung, die vernichtet, zu suchen. Vor Verwerfungen des Lebens, wie sie Terror und Krieg mit sich bringen, schützt uns nicht allein die Ratio. Schließlich bedient sich auch der Terrorismus der Vernunft. Wir sprechen nicht umsonst von der »Logik des Krieges«. Schutz bietet allein ein Wertesystem, das seinen Ausgangspunkt in der jüdisch-christlichen Tradition nimmt: Jeder Mensch ist ein Geschöpf Gottes und findet darin sein Lebensrecht und seine Würde. Dies muss immer neu eingeübt und geistlich genährt werden. Es bewährt sich da in seiner Frieden stiftenden Funktion, wo wir auf jede Form gewalttätiger Durchsetzung dieser Glaubenswahrheit verzichten.
3. Wenn die Kirche eine neue missionarische Kraft entwickeln will, muss sie sehr elementar und fundamental von ihrer Botschaft in Wort und Tat reden und immer wieder die Wahrheitsfrage stellen – und dies, ohne banal und fundamentalistisch zu wirken.

4. Wenn Kirche heute ihre Botschaft verdeutlichen soll, dann hat sie dies in offener, kritischer Reflexion der Entwicklung der biblischen Botschaft, der jüdisch-christlichen Glaubenstradition und ihrer eigenen Geschichte zu tun. Das gilt vor allem im Hinblick auf die Fragen, die sich heute weltweit in der Vordergrund geschoben haben: Religion und Gewalt, die Trennung von Religion und Bürgergesellschaft und die Definition von Gerechtigkeit und Menschenwürde.
5. Alles, was Kirche tut, insbesondere in der Ortsgemeinde, muss sich in der säkularen Öffentlichkeit einer pluralen Gesellschaft vollziehen. Der christliche Glaube zeichnet sich dadurch aus, dass er auf keine Geheimniskrämerei angewiesen ist. Es ist ein Segen, dass Kirchen öffentliche, jedem Mann und jeder Frau zugängliche Gebäude, unsere Gottesdienste öffentliche Veranstaltungen und unsere Angebote an Unterricht, Gruppen und Kreisen grundsätzlich öffentlich sind. Das heißt aber auch, dass sie sich der öffentlichen Kritik aussetzen und ihr standhalten müssen. In diesem Sinn verstehe ich Kirche als Teil der demokratischen Bürgergemeinde, ohne dass sie in ihr aufgeht.

Wenn wir Menschen erreichen wollen, dann darf nicht die Frage nach dem *Wie* im Vordergrund all unserer Überlegungen stehen, sondern *die nach dem Womit.* Was sind die unaufgebbaren Glaubensinhalte, die Menschen zu ihrem Glück kennen sollten und auf die wir nicht verzichten dürfen, wenn wir als Kirche etwas Wesentliches beitragen wollen zum sinnvollen und friedlichen Zusammenleben der Menschen? Ohne Rückbezug auf die biblische Botschaft und ohne kritische Auseinandersetzung mit der Tradition, insbesondere mit den Bekenntnissen der Kirche, wird es nicht möglich sein, auf diese Fragen glaubwürdige Antworten zu finden. Denn wenn die biblische Botschaft zu einer unbekannten Größe wird, fehlen allem Reden und Handeln Fundament und Ausrichtung. Dieses Nichtwissen, das bis tief in die Kirchgemeinden hineinreicht, kann nicht durch das ausgeglichen werden, was sich innerhalb der Kirchen breitmacht: ein »Abholen« der Kirchenfernen, indem die Insider ihr Verfremdungsbedürfnis auf die »religiös Unmusikalischen« (Max Weber) übertragen, aber gar nicht bedenken, dass diese das nicht nachvollziehen können, weil sie in dem Verfremdeten die Grundlagen des Glaubens nicht erkennen können.

Heute stimmt ja nichts mehr von dem, was vor 40 Jahren noch Gültigkeit hatte. Wer einen Gottesdienst »in moderner Gestalt« entwirft, um sich von der traditionellen Liturgie abzusetzen, kann nicht mehr davon ausgehen, dass es dafür tatsächlich ein Bedürfnis gibt. Denn der Außenstehende, der Kirchenferne sucht nicht die Verfremdung des ihm, wenn überhaupt, nur noch rudimentär Bekannten, aber fremd Gewordenen, sondern das Ursprüngliche und ihm Fremde. Insofern sind die traditionellen Formen des Gottesdienstes einschließlich der Predigt die modernen, weil sie das Fremde des Glaubens viel elementarer darzustellen vermögen. Natürlich darf dies nicht aus einem einfachen Aufwärmen von zu Recht in die Krise geratenen traditionellen Ausdrucksformen kirchlicher Frömmigkeit bestehen. Vielmehr müssen die Traditionen heute neu verantwortet und gestaltet werden – und zwar unter der Fragestellung: *Womit* wollen wir die Menschen erreichen.

In dem Moment, in dem wir den Glauben wieder als eine grundlegende Herausforderung und Basis für Bildung und Erziehung des Menschen begreifen, werden wir auch vor seiner Banalisierung bewahrt. Auf den Gottesdienst bezogen, der allen Unkenrufen zum Trotz die zentrale Veranstaltung der Kirche bleibt, bedeutet das: Wir haben die spezifischen Ausdrucksformen des evangelisch-lutherischen Gottesdienstes immer wieder zu qualifizieren: Liturgie, Predigt, Musik – nicht zuletzt deswegen, weil von hier aus das sozialdiakonische Handeln und politische Wirken der Kirche ihren Ausgang nehmen und ihre Ausrichtung finden sollen. Insofern bin ich glücklich darüber, dass wir in der Thomaskirche den Gottesdienst im besten Sinne zelebrieren können und die Menschen davon einen Gewinn haben. Das Stichwort Gewinn verdanke ich Thomaskantor Georg Christoph Biller, der immer wieder anmahnt: Wer einen Gottesdienst besucht, muss die Kirche mit Gewinn verlassen können.

Womit aber wollen/sollen wir Menschen im Gottesdienst und in der Verkündigung erreichen? Ich möchte dazu vier Themenbereiche benennen, die sich für mich aus der jüdisch-christlichen Glaubenstradition ergeben und die sich in Gesprächen mit Menschen, die sich dem christlichen Glauben neu zuwenden, als wesentlich herausgestellt haben:

1. Mit der Geburt wird jeder Mensch von Gott *ins Leben gerufen* (und mit der Taufe *zum Leben berufen*). Durch diese Glaubensgewissheit erfährt jeder Mensch – unabhängig von seiner Herkunft und Beschaffenheit, seinem Glauben, seiner Leistungsfähigkeit – seine Achtung und Würde. Diese Würde darf weder durch ihn selbst noch durch andere infrage gestellt werden. Wir sind alle Gottes Kinder. Dieser Satz bedarf auf dem Hintergrund der biblischen Botschaft keiner Begründung. Er muss sich aber täglich in der Praxis bewähren – vor allem, wenn es um die Achtung des schwachen und gekränkten Lebens geht.
2. Alles Leben ist endlich. Entscheidend ist nicht die zeitliche Länge des Lebens. Entscheidend ist, dass wir die Zeit, die Gott uns schenkt, sinnvoll und verantwortlich gestalten, um Frieden und Gerechtigkeit zu wahren – in der Hoffnung, dass uns die Fülle des Lebens nach dem Tod bevorsteht. Wir

haben keinen Anspruch auf Leben, wohl aber allen Grund zur Dankbarkeit für das Leben.

3. Durch das Leben, Leiden und die Auferstehung Jesu erfahren wir, was Gott uns zukommen lässt und uns ermöglicht: Gerechtigkeit und Frieden, Gnade und Barmherzigkeit, die Ehrfurcht vor dem Leben.
4. Obwohl wir Menschen trotz aller guten Vorsätze immer wieder an uns selbst scheitern und wissentlich das Falsche tun, begegnet uns Gott als der, der das Böse in Gutes umdenkt und uns durch die Zusage der Vergebung für das so erneuerte Leben wieder in den Dienst nimmt. In diesem Sinn ist Vergebung die Befreiung des Menschen aus der selbst verschuldeten Unmündigkeit.

Alle diese Überlegungen sind für mich Ertrag aus der Arbeit in einer Kirchgemeinde im neuen Deutschland. Bewähren müssen sie sich in der Praxis – vor allem auch im Konfirmandenunterricht, der für mich ein Schwerpunkt in der kirchgemeindlichen Arbeit ist. Immer noch gehen die meisten Jugendlichen in Ostdeutschland zur Jugendweihe (in Leipzig sind das ca. 70 %, ca. 10 % eines Jahrgangs lassen sich konfirmieren). Grundsätzlich hat sich in den meisten Schulen nichts an der Werbemethode für die Jugendweihe geändert: Beim Elternabend der 8. Klasse wird wie selbstverständlich die Anmeldung zur Jugendweihe vorgenommen. Und die meisten Jugendlichen, die den Konfirmandenunterricht besuchen, sind mit ein bis drei anderen die einzigen im Klassenverband, die sich konfirmieren lassen. Leider reagieren wir als Kirche immer noch viel zu verhalten auf diese Situation. Konfirmation wird im öffentlichen Raum kaum kommuniziert. Zwei Ansatzpunkte sind darum wichtig: Wir sind überzeugt davon, dass wir mit dem Konfirmandenunterricht ein für das Leben der Jugendlichen wesentliches und unverzichtbares Angebot machen. Wir sehen im Konfirmandenunterricht eine Alternative zur Jugendweihe, d.h. wir sehen die Konfirmation als Konkurrenz zur Jugendweihe. Es ist unsere Aufgabe und Herausforderung, Konfirmandenunterricht und Konfirmation inhaltlich und als den Jugendlichen zugewandte Erlebniswelt zu profilieren und zu kommunizieren. Seit einigen Jahren werben wir mit folgendem Text für den Besuch des Konfirmandenunterrichtes:

Weil nichts egal ist –
Konfirmandenunterricht in der Thomaskirche
Mit dem 7. Schuljahr beginnt jedes Jahr für alle offen der Konfirmandenunterricht. Weil nichts egal ist, darum kommt es auch für junge Menschen darauf an, sich dem Wesentlichen zuzuwenden: zwei Jahre Fragen stellen, die beantwortet werden möchten: Woher komme ich – Wohin gehe ich – Wozu lebe ich – Wem folge ich? Zwei Jahre Antworten suchen, die hinterfragt werden können: Gott – Jesus Christus – Zehn Ge-

bote – Liebe und Glück – Vorbilder des Glaubens. Zwei Jahre Kirche kennenlernen, Gemeinschaft erfahren, Lebenswege finden im Unterricht, auf Rüstzeiten, im Gottesdienst und dann: *Konfirmation* – ein Fest, mit dem alles beginnt: Glaube, Liebe, Hoffnung. Ein Fest, mit dem unser Leben gesegnet wird.

Ausdrücklich erwünscht ist, dass auch Jugendliche, die bis jetzt nicht getauft sind und aus einem nichtkirchlichen Umfeld kommen, am Konfirmandenunterricht teilnehmen. Diese Jugendlichen werden, wenn sie sich dafür entscheiden, im Januar des Konfirmationsjahres getauft. Im Jahr 2002 waren dies immerhin 21, im Jahr 2010 zwölf Jugendliche. Mit der Anmeldung zum Konfirmandenunterricht treffe ich mit den Jugendlichen und ihren Eltern eine Vereinbarung, in der sich die Jugendlichen verpflichten, das gesamte Unterrichtsprogramm mitzumachen: regelmäßiger Gottesdienstbesuch, wöchentlicher Unterricht, Praktika, drei viertägige Rüstzeiten. Meine Gegenleistung besteht darin, dass ich die Jugendlichen ernst nehme (mein einziger pädagogischer Grundsatz) und die Aufgabe, sie an den christlichen Glauben heranzuführen, als große Herausforderung annehme. Vor allem die Rüstzeiten, aber auch die wöchentlichen Treffen während der Schulzeit, bei denen sich neue Freundschaften bilden, sind für Jugendliche durchaus attraktiv – wie auch die neuen, fremden Themen des Konfirmandenunterrichtes, die in ihrem Alltag sonst nicht vorkommen. Das Curriculum, das ich im Laufe der Jahre entwickelt habe, orientiert sich an den fünf Hauptstücken von Luthers Kleinem Katechismus und ist eingebettet in den Rhythmus des Kirchenjahres, den die Jugendlichen wenigstens im Konfirmandenunterricht über Evangelium, Wochenspruch und Wochenlied einmal kennenlernen sollen. Man kann auch das Singen des Wochenliedes, ein meist über 400 Jahre alter Choral, zu einem kleinen Event gestalten!

Nun gibt es mancherorts in Ostdeutschland das Angebot einer Art religiösen Jugendweihe bzw. Lebenswendefeier, die von Kirchen organisiert wird. Ich halte diese Versuche für einen Irrweg, weil wir damit das entwerten, was es aufzuwerten gilt: die Konfirmation. Die Jugendweihe ist nichts anderes als eine Weihe der Belanglosigkeit, und jede Kopie kann nur belanglos werden. Die Jugendweihe verlangt den Jugendlichen nichts ab (die meisten Jugendlichen nehmen an den Vorbereitungstreffen zur Jugendweihe auch nicht teil). Wir aber sollten den Jugendlichen etwas abverlangen und ihnen dafür etwas Wertvolles anbieten: ein glaubwürdiges Angebot sinnstiftender Lebensinhalte. Und das bedeutet nicht, den Jugendlichen Antworten vorzulegen auf Fragen, die sie nicht stellen, sondern ihre Fragen aufzugreifen und ihnen Antworten zu unterbreiten, mit denen sie sich auseinandersetzen können. Ich habe die Erfahrung gemacht:

Genau das stößt auf Interesse bei Jugendlichen und ihren Eltern.

Von entscheidender Bedeutung war und ist für mich auch der Taufunterricht für Erwachsene. Jede Woche treffen sich seit nunmehr 18 Jahren Menschen zum Tauf- und Konfirmandenunterricht für Erwachsene. Auslöser für das Interesse am Taufunterricht ist sehr häufig die Suche nach neuen Erklärungsrastern für das persönliche Leben und für die Welt. Sie sollen über das gesellschaftliche Einerlei (Wer mit wem? Wer gegen wen? Wer verdient wie viel?) hinausgehen. In letzter Zeit stoßen junge Eltern zum Taufunterricht, die für die Erziehung ihres Kindes einen geistigen-geistlichen Werterahmen suchen. In den Gesprächen mit den meist jungen Menschen bin ich gezwungen, den christlichen Glauben neu durchzubuchstabieren – meine wöchentliche Fortbildungsveranstaltung. Nichts kann als selbstverständlich angesehen werden, alles steht auf dem Prüfstand der neugierigen, unbefangenen Nachfragen. Und deutlich ist zu spüren: Die Taufbewerber wollen weder mit leicht verdaulichen Allgemeinplätzen abgespeist noch ideologisch-religiös über oder unter den Tisch gezogen werden. Sie suchen sachliche Informationen über die Bibel und die Kirche als Institution. Sie wollen wissen, wie man den Glauben im Alltag leben kann (Rituale, Gebete, Bibellektüre). Sie möchten verstehen, was im Gottesdienst vor sich geht. Sie wollen erfahren, wo ihr Platz in der christlichen Gemeinde ist und wie dieser aussieht. Immerhin sind in den vergangenen 15 Jahren in der Thomaskirche über 230 Menschen als Erwachsene getauft worden.

Eine besondere Herausforderung im Blick auf die missionarische Arbeit sind die wöchentlichen Motetten freitags und samstags. Mit dem Dienstantritt von Thomaskantor Georg Christoph Biller im November 1992 wurde nicht nur die Motette am Freitag dadurch profiliert, dass sie in der liturgischen Form der Vesper gehalten wird. Seit über 15 Jahren finden die Motetten ganz regelmäßig jeden Freitag um 18.00 Uhr und jeden Samstag um 15.00 Uhr (mit Kantate) in der Thomaskirche statt. Während der Schulzeit werden die Motetten vom Thomanerchor, ansonsten von einem anderen Ensemble gesungen. In jeder Motette wird das Wochenlied gesungen (im Wechsel zwischen Chor und Gemeinde). Ansprache (ca. sieben Minuten), Gebet, Vaterunser und Segen rahmen die musikalische Darbietung ein. Inhaltlich ist die Motette auf den jeweiligen Sonntag bezogen. Die theologisch-homiletische Herausforderung für die Ansprache liegt darin, dass auf dem Hintergrund der Musik und oft genug unter Berücksichtigung aktueller Ereignisse oder Gedenkdaten ein wichtiger Inhalt des christlichen Glaubens so zur Sprache gebracht wird, dass er auch von Nichtchristen verstanden und nachvollzogen werden kann und dem professionellen

Umfeld der Musik standhält. Hier kommt es – wie im Taufunterricht für Erwachsene – darauf an, die traditionellen Sprachbilder insbesondere aus den Bach-Kantaten (Todessehnsucht, Weltverachtung, Sünde, Jesus-Frömmigkeit) – nicht als erledigt beiseitezulegen, sondern ihre Aktualität für den religiös Unmusikalischen aufzuzeigen und daraufhin abzuklopfen, wie weit sich darin unsere Wirklichkeit spiegelt und wir hinter die Kulissen des Lebens schauen können. Was ein Nichtchrist versteht bzw. nachvollziehen kann, wird auch den Gemeindechristen erreichen. Was aber am Nichtchristen vorbeigeht, wird vom Gemeindechristen allerhöchstens gnädig geduldet, erzeugt aber keinen Aufbruch. Ich weiß aus etlichen Reaktionen gerade von Nichtchristen, dass viele Menschen bei den Motetten neue Erfahrungen mit Kirche und Gottesdienst machen.

Nun steht aber nicht jede Kirche im Zentrum einer Stadt. Und natürlich kenne ich den Einwand: *ja, ihr an der Thomaskirche … das ist keine Kunst … ihr habt den Bach und den Thomanerchor.* Das ist richtig. Wir verfügen über eine große Tradition. Aber auch sie ist nur *Teil* des Ganzen. Jede Kirche und Kirchgemeinde bewahrt mit dem Evangelium einen großen Schatz, der unerlässlich ist für das Leben der Menschen. Den gilt es zu heben. Also sollten vor Ort die folgenden Fragen gestellt und breit kommuniziert werden: Wofür stehen wir als Kirchgemeinde? Was wollen wir in welchem Zeitraum erreichen? Was benötigen wir dafür (Personal, Gebäude, Finanzen)? Wer sind unsere Bündnispartner? – Gerade diese Frage ist ganz wichtig. – Wie auch immer die Antworten ausfallen, eines ist unstrittig: Wir müssen vor allem mit unseren »Alleinstellungsmerkmalen« sorgfältig umgehen, sie wertschätzen und *professionell* pflegen.

Zu unseren »Alleinstellungsmerkmalen« gehören der Gottesdienst (Predigt, Liturgie und Kirchenmusik), die Glaubenslehre (Taufe und Konfirmation), die Seelsorge (Menschennähe und Diakonie). Wenn wir Gottesdienste ausfallen lassen (was an Pfingstmontag sehr beliebt ist) und hohe kirchliche Feiertage (wie zum Beispiel Epiphanias) nicht mehr beachten, dann dürfen wir uns nicht wundern, dass Menschen auch an normalen Sonntagen die Kirche meiden. Wenn wir Gottesdiensträume nicht mehr als das Besondere, als Ort des Heiligen, der Gottesbegegnung ansehen – warum soll jemand eine Kirche aufsuchen oder für sie spenden? Wenn wir die Bedeutung des Wortes nicht mehr achten, warum soll ein Mensch noch glauben, dass man von diesem Wort leben kann wie vom täglichen Brot? Ich plädiere dafür, alles, was einer »Selbstsäkularisierung der Kirche« (Wolfgang Huber) Vorschub leistet, zu unterlassen und stattdessen mit unseren Pfunden zu wuchern. Unsere Aufgabe ist nicht das Alltägliche, sondern die Zurüstung der Menschen für den Alltag.

Wenn wir so im neuen Deutschland an unsere Arbeit gehen, dann können wir gelassen, weil gefestigt auch Krisenzeiten bewältigen. Denn in einem bin ich gewiss: Mit dem christlichen Glauben, seinen Traditionen und seinem Hoffnungspotential verfügen wir über ein Lebensgerüst, das jeden Menschen am Anfang seiner Existenz als Geschöpf Gottes würdigt und am Ende mit der Aussicht auf Gottes neue Welt versieht und dazwischen in die Verantwortung für den Nächsten und diese Welt ruft. Wer kann so umfassend Menschen zum Leben berufen, wenn nicht wir Christen?

Vorbilder des Glaubens

Ansprache zur Konfirmation 1995

»Tobias, jetzt räum' endlich dein Zimmer auf!«. Schon zum dritten Mal ruft die Mutter – nun mit unwirscher Stimme. »Muss die einen immer so nerven?!«, murmelt Tobias halblaut vor sich hin. Noch sitzt er in Vaters Sessel und sieht sich den Gandhi-Film auf Video an. Als Mutter im Wohnzimmer erscheint und kurzerhand per Fernbedienung das Video abschaltet, faucht Tobias sie an: »Was soll denn das? Darf man noch nicht einmal einen guten Film sehen?« »Doch, aber nicht jetzt! Du gehst jetzt an deine Arbeit! ...

... Sag mal, von wem hast du eigentlich den Film?« »Den hab ich mir von Manfred ausgeliehen.« »Und wie kommst du gerade auf Gandhi?« »Der Manfred hat mir davon erzählt. Die haben den Film im Konfirmandenunterricht gesehen.« »So, so, im Konfirmandenunterricht. Ich möchte mal wissen, was der Gandhi mit der Kirche zu tun hat.« »Aber der hat sich wenigstens für was Vernünftiges eingesetzt. Das mit der Gewaltlosigkeit, das find ich super.« »Stimmt schon. Aber weiß mein Herr Sohn eigentlich auch, dass bei Gandhi alle dasselbe tun mussten – auch im Haushalt? Und das erwarte ich nun auch von dir, wenn du dir schon den Gandhi zum Vorbild nimmst.«

Tobias ärgert sich über Mutters abfälligen Ton, spürt aber auch, dass es jetzt keinen Zweck hat, weiter zu diskutieren. Also räkelt er sich betont langsam aus dem Sessel. »Mensch, ist das ein Riesenkerl geworden«, denkt die Mutter, als Tobias seine volle Größe erreicht hat und ungelenk aus dem Wohnzimmer trottet.

In seinem Zimmer angekommen fällt sein Blick wie immer zuerst auf die beiden Poster: die Stars vom VfB Leipzig und die Prinzen – sogar mit Autogramm von Sebastian. Und dann steht da noch das große Bücherregal neben seinem Bett. Nur ein Fach gehört ihm. In den anderen Fächern stehen bzw. liegen Vaters Bücher. Ein ziemliches Durcheinander. »Also hier rühre ich nichts an. Das soll der selbst aufräumen«, sagt Tobias vor sich hin.

Doch dann greift er zu einem Buch: »Weltall, Erde, Mensch«. Als er es aufschlägt, fallen ein paar Zettel heraus, darunter Vaters »Jugendweiheurkunde«. Vaters Name »Friedrich Bender« steht unter dem Gelöbnis. Tobias bleibt am ersten Satz des Vorwortes hängen: »Dieses Buch ist das Buch der Wahrheit.« »Merkwürdig«, denkt er, »›Buch der Wahrheit‹. Hört sich fast so an wie bei der Bibel, ›Buch der Bücher‹.«

Beim Abendessen fragt Tobias seinen Vater: »Sag mal, war der Gagarin eigentlich dein Vorbild?« »Wie kommst du denn darauf?« »Ich meine nur so. Ich habe in dem Buch gestöbert, das du zur Jugendweihe geschenkt bekommen hast.« »Du solltest doch dein Zimmer aufräumen!«, mischt sich Mutter ein. »Hab' ich ja auch. Aber sag mal, Vater, hattest du ein Vorbild?«

Der Vater zögert: »Eigentlich schon. Sie wurden uns mehr oder weniger eingeredet. Gagarin gehörte dazu, Ernst Thälmann und die ›Helden der Arbeit‹ – an denen sollten wir uns orientieren. Und irgendwie haben die mir auch imponiert. Nur – mit der Zeit interessierte ich mich nicht mehr für die Vorbilder, sondern für das Bild, das hinter den Vorbildern stand.« »Versteh ich nicht«, meint Tobias. »Also pass mal auf. Ein Vor-Bild will immer etwas sichtbar machen von einem Bild. Aber gleichzeitig verdeckt das Vorbild auch das Bild. Von der wirklichen DDR wurde gerade durch die Vorbilder immer sehr viel verdeckt.«

»Also ist es doch besser, kein Vorbild zu haben?«, fragt Tobias nach. »So kann man es auch nicht sagen. Aber du musst vorsichtig sein und immer hinter die Bilder schauen. Bilder können ganz schnell zur Kulisse werden, zum falschen Schein, zur Illusion.« – »Mal 'ne Frage«, mischt sich Mutter ein, »habt ihr im Konfirmandenunterricht nicht über das Bilderverbot gesprochen?« »Wenn ich mich recht erinnere – nein. Aber ich weiß natürlich, dass man sich von Gott kein Bild machen soll. Doch was hat das mit den Vorbildern zu tun? Gott ist doch kein Vorbild – oder?«

»Was meinst du, Friedrich?«, fragt Mutter ihren Mann. Der atmet tief durch. »Gott ist weder Bild noch Vorbild. Gott ist alles. Weil wir Menschen aber nie alles denken und sehen können, ist alles, was wir über Gott sagen, ist jede Vorstellung von Gott immer nur ein kleiner Ausschnitt – eben ein Bild. So wie jeder von uns ein Bild, ein Ebenbild Gottes ist. Doch die Bilder dürfen niemals zum Ganzen erklärt werden. So ist das, glaube ich, gemeint mit dem Bilderverbot.«

Alle überlegen. Nach einer kurzen Pause fährt der Vater fort: »Mutter erzählte mir, dass es heute Nachmittag Krach gab wegen des Gandhi-Films.« »Nein, nicht wegen des Films«, wendet Mutter ein, »sondern deswegen, weil Tobias sein Zimmer nicht aufräumen wollte.« »Wie dem auch sei. Wir können uns den Film mal zusammen ansehen. Habe schon viel darüber gehört.«

»Von wem hast du den noch mal?«, erkundigt sich Vater. »Vom Manfred.« »Ist ja interessant. Ich war doch letzten Sonntag bei seiner Konfirmation. Du kamst ja leider nicht aus den Federn. Alle Konfirmanden erhielten als Geschenk von der Gemeinde ein Bild. Das hat mir sehr gut gefallen. Ich hab' es mir besorgt.« Der Vater geht zur Aktentasche und zieht das Bild heraus. »Hier: drei Porträts von Mahatma Gandhi, Dietrich Bonhoeffer und Martin Luther King – angeordnet wie ein Kreuz, an den Stellen der

Hände und Füße Jesu: ›Vorbilder des Glaubens. Zur Konfirmation am 28. Mai 1995 in der Thomaskirche zu Leipzig‹.«

»Also, ich weiß nicht«, meint Mutter, »ich finde das ein bisschen weit hergeholt. Was brauchen die Kinder so große Vorbilder? Die sollen die Zehn Gebote lernen und sich an einfachen Menschen ein Beispiel nehmen. Ich denke an die Bertha Fink von nebenan. Jeden Tag, bei Wind und Wetter, füttert sie die Katzen und am Bahnhof, habe ich kürzlich selbst gesehen, verteilt sie Lebensmittel an Obdachlose.«

»Damit das klar ist«, erwidert Tobias, »die Bertha Fink ist für mich kein Vorbild. Warst du mal in deren Wohnung? Da stinkts. Und – im Vergleich dazu herrscht in meinem Zimmer die reinste Ordnung.« »Nun übertreib mal nicht«, antwortet Mutter.

Doch Tobias ist schon wieder bei dem Bild, das er in der Hand hält: »Verstehe ich das richtig«, fragt er seinen Vater, »die drei sind Vorbilder für uns, und gleichzeitig auch Vorab-Bilder für Jesus?« »Mensch, auf das Wort bin ich noch gar nicht gekommen – Vorab-Bild, Voraus-Bild.« Der Vater ist richtig begeistert über den Einfall von Tobias. »Menschen wie Gandhi, Bonhoeffer, King zeigen uns, was an der Botschaft Jesu wichtig ist, worauf sie zielt. Aber: Sie sind nicht das Ganze. Darum reicht auch ein Vorbild nicht aus. Es müssen immer mehrere sein – so wie zum Christsein immer auch die Gemeinschaft, die Gemeinde, die Kirche gehören. Und darum können auch Nichtchristen wie Gandhi Vorbilder des Glaubens sein.

»Und was ist, wenn wir jetzt hinter die Vorbilder schauen?«, bohrt Tobias weiter. »Sehen wir dann den ›wahren‹ Jesus?« Vater überlegt. Er erinnert sich daran, welcher Schindluder mit dem Wahrheitsanspruch getrieben wurde. Und er erinnert sich an den Konfirmationsgottesdienst letzte Woche. Da kam das Wort Jesu vor: »Ich bin der Weg, die Wahrheit und das Leben« (Johannes 14,6).

Und dann sieht er im Bild wieder das Kreuz. »Weißt du, Tobias, wenn hinter den Vorbildern das Kreuz Christi sichtbar wird, dann besteht keine Gefahr, dass durch die Vorbilder etwas verdeckt oder beschönigt wird. Vielmehr wird aufgedeckt, um was es Jesus geht: nicht um den Sieg einer Idee, sondern um Gerechtigkeit, Versöhnung, Vergebung. Darin stecken Wahrheit, Weg und Leben Jesu.«

Tobias hört gebannt zu. »Vater, warum bist du eigentlich zur Jugendweihe gegangen?« »Wenn ich ehrlich bin: weil ich damals für wahr hielt, was die Mehrheit dachte. Und weil die Mehrheit das, was sie dachte, nicht ernst nahm. Und weil ich zu schwach war, mich gegen die Mehrheit zu stellen. Das aber gefällt mir an diesen Vorbildern: Die haben Jesus ganz ernst genommen; die haben ihren Weg an seinem Weg, ihren Glauben an seiner Wahrheit, ihr Wirken an seinem Leben, an seinem Leiden, Sterben und Auferstehen festgemacht. So wie wir das eigentlich auch tun sollten – mit der Konfirmation.« Amen.

Vom Unnormalen des Glaubens

Ansprache zum Taufgottesdienst
von 21 Konfirmanden am 20. Januar 2002
über 2. Mose 3,1–10 und Apostelgeschichte 8,26–40

Im vergangenen Jahr antwortete ein Jugendlicher aus Leipzig auf die Frage, ob er sich als Christ, als allgemein religiöser oder als unreligiöser Mensch verstehe, mit dem kernigen Satz: *»Das weiß ich nicht. Ich bin normal.«* Heißt das, dass diejenigen unter euch, die sich heute taufen lassen, und dass ihr alle, die ihr Ende April konfirmiert werdet, »unnormal« seid? Irgendwo daneben und nicht im Trend liegend, weil christlich eingestellt?

Statistisch gesehen trifft das zu. Denn in Leipzig gehen bekanntlich ca. 70 % der 14-Jährigen zur Jugendweihe und nur ca. 10 % lassen sich konfirmieren; bleiben immerhin 20 % eures Jahrgangs übrig, die ganz ohne jedes Ritual auskommen. Allerdings – heute durchbrechen wir ein bisschen die Normalität und ändern die Statistik und vielleicht bauen wir auch einen neuen Trend auf. Schließlich sind 21 von den 47 Konfirmandinnen und Konfirmanden bis jetzt nicht getauft. Und es war im September 2000, als ihr euch zum Konfirmandenunterricht angemeldet habt, durchaus nicht klar, ob sich alle im Verlauf der eineinhalb Jahre zur Taufe entschließen werden.

Darum noch einmal die Frage: Seid ihr damit unnormal?

Ja und nein. Ja, weil die Taufe etwas Besonderes, etwas nicht Alltägliches, etwas Herausragendes – und auch Einmaliges ist. Da, wo Menschen und Gott sich berühren, da wird alle Normalität durchbrochen. Wir haben vorhin die Geschichte gehört, wie Mose Gott begegnet. Wie Mose neugierig wird, weil er einen brennenden Dornbusch sieht, der doch nicht verbrennt. Wie er sich dem Sonderbaren nähern will und doch davor zurückschreckt. Wie Mose von Gott angesprochen wird und sich doch vor dem fürchtet, den er sucht. Und wie er schließlich den Auftrag erhält, den Mund aufzumachen für Freiheit und Gerechtigkeit seines Volkes. Das alles ist ja nicht normal. Damals nicht, heute auch nicht. Wir kennen das von uns selbst: Wir nähern uns Gott und fürchten uns gleichzeitig vor zu großer Nähe. So erlebe ich das auch bei euch: Ihr tastet euch an den Glauben, an die Kirche heran, aber gleichzeitig versucht ihr, Abstand zu halten, weil ihr genau spürt: Was auf uns zukommt, ist nicht normal und passt vielleicht auch nicht in den Rahmen unserer Familie. Und ihr merkt: Es geht um das Ganze des Lebens, ums ganze Leben – wie bei Mose, der von Gott mit einer Lebensaufgabe beauftragt wurde: das Volk Israel aus der Unfreiheit herauszuführen.

Normal ging es auch nicht zu, als ein Finanzminister aus Äthiopien getauft wurde. Ganz auf die Schnelle.

Mitten auf der Reise. Ohne eine Kirche aufzusuchen. Wir haben die Erzählung aus der Apostelgeschichte im Konfirmandenunterricht besprochen. Drei Dinge waren damals für die Taufe nötig:

1. Das Verstehen der Botschaft der Bibel. Dem Mann ging es so wie vielen unter uns, die beginnen, sich für den christlichen Glauben zu interessieren: Sie verstehen die Bibel nicht. Das ist ja auch schwer. Denn die Bibel ist kein normales Buch, das ich einfach so lesen kann. So ist die Frage des Ministers oft genug unsere Frage: »*Wie kann ich die Bibel verstehen, wenn mir niemand hilft?*«
2. Also war ein Mensch nötig, der die Bibel erklärt. Beim Minister aus Äthiopien war das ein Mensch namens Philippus. Bei euch waren und sind das die Eltern, Paten, Freunde oder eben auch wir Pfarrer, die versucht haben, euch die Geschichten zu erklären, die Gute Nachricht von Jesus Christus nahezubringen. Philippus nahm dann auch die Taufe vor – so wie ich das heute bei euch tue, weil nichts dagegen spricht, dass ihr heute getauft werdet.
3. Und dafür ist keine Kirche, sondern nur Wasser nötig. Wasser, das uns in dreifacher Weise zeigt, was wir vom christlichen Glauben erwarten können: lebendiges, wachsendes Leben – Kraft, Energie – Reinigung.

Die Bibel verstehen; einen Menschen haben, der dabei hilft und bereit ist zu taufen, und die Wasserstelle für die Taufe – dass diese drei Dinge zusammentreffen, ist heute genauso wenig selbstverständlich und normal wie das beim Finanzminister und dem Christenmenschen Philippus der Fall war. Darum können wir nur dankbar dafür sein, dass es bei euch zu diesem Zusammentreffen gekommen ist.

Unnormal ist aber auch, was der Glaube aus Menschen macht. Wir haben im Konfirmandenunterricht Menschen kennen gelernt, die in ihrem Leben Besonderes bewirkt haben. Die sich nicht haben treiben lassen, sondern – wie Mose beim mächtigen Pharao – Recht und Gerechtigkeit, Frieden und Gewaltlosigkeit, Freiheit und Gottesfurcht eingeklagt haben: Albert Schweitzer, die Geschwister Scholl, Dietrich Bonhoeffer, Martin Luther King, Mahatma Gandhi und viele andere. Sie haben kein normales Leben gelebt, sondern sich von Gott rufen und berufen lassen – um dann doch ganz Selbstverständliches, Menschliches zu tun.

Doch so unnormal, wie es scheinen mag, ist das Leben eines Christenmenschen nicht. Ich gehe einmal davon aus: Äußerlich wird man euch auch nach der Taufe nicht unterscheiden können von dem Jugendlichen, der von sich sagt, er sei kein Christ, aber er sei normal. Ihr hört wahrscheinlich ähnliche Musik, habt Spaß an denselben Computerspielen, tragt die gleichen Klamotten und hegt Träume von Liebe und Freiheit. Doch in einem sollte sich eure Normalität unterscheiden: Ihr fragt nach der Norm, nach dem Maßstab, dem Wert des Normalen. Was also soll als »normal« gelten in meinem Leben, in unserer Gesellschaft? Nur das, was mir gerade in den Sinn kommt, was mir Spaß macht, was mir die meisten Vorteile bringt? Das hoffentlich nicht. Denn ein normales Leben ist nicht denkbar ohne das Unnormale des anderen Menschen und ohne das Besondere des Glaubens. Und dann weiß ich, dass es weder als normal gelten noch mir egal sein kann, wenn Menschen mit Behinderungen gequält, ausländische Mitbürger angepöbelt oder zusammengeschlagen werden oder sich junge Leute nach dem Disco-Besuch bekifft ans Steuer setzen. Dann weiß ich, dass mein Leben mehr wert ist als die Summe dessen, wie mich andere bewerten. Denn Gott bejaht mein Leben!

Dieses Wissen wird euch, wird uns aus einer an sich unerträglichen Normalität, nämlich dem finsteren Tal der Ahnungslosigkeit, herausführen. Und das ist mit das Wichtigste an unserem Glauben: Dass wir die Ahnungslosigkeit über das Woher, Wohin und Wozu unseres Lebens überwinden, damit wir nicht auf alle Dummheiten hereinfallen und die Plattheiten der »Normalos« nachplappern. Darum kommt es darauf an, dass wir das, was normal, was gültig, was für uns Menschen gut und wertvoll ist, an dem ausrichten, was Jesus Christus uns Menschen nahebringen will: die Nächsten- und die Feindesliebe, die Achtung des fremden Menschen und vor allem der Glaube an den einen Gott, der mich zum verantwortlichen Leben beruft, der mir Freiheit schenkt und dem ich immer vertrauen kann.

Und so kann ich euch am Schluss nur noch dazu gratulieren, dass ihr in diesem Sinn als getaufte Christen sehr normale Menschen seid. Und dass ihr gleichzeitig eine Ahnung davon habt, was einen Christenmenschen aus der Normalität heraushebt: die Wachheit für Gottes Ruf und Berufung. Amen.

Wir sind nichts Besonderes

Als Dorothea und ich im April 1991 das erste Mal eine Motette in der Thomaskirche besuchten, wurde der Thomanerchor noch vom damaligen Thomaskantor Hans-Joachim Rotzsch geleitet. Wenige Wochen später wurde Rotzsch aufgrund von Stasi-Verwicklungen vom Stadtrat Leipzig aus seinem Amt entlassen. Der Kirchenvorstand der Thomaskirche hatte diesem Schritt zugestimmt. Als Thomaskantor war Rotzsch, obwohl in städtischen Diensten stehend, geborenes Mitglied im Kirchenvorstand. Die Entlassung führte zu heftigen Protesten der Thomaner und ihrer Eltern – auch in der Thomaskirche. Vor allem die Thomaskirche wurde für den Entlassung von Rotzsch verantwortlich gemacht. Das Verhältnis zwischen Thomanerchor und Elternschaft auf der einen und der Kirchgemeinde St. Thomas-Matthäi auf der anderen Seite war darum äußerst gespannt. Das lag nicht nur an der Entlassung des im Chor sehr beliebten Kantors. Ein großer Teil der aktiven Thomaner entstammte damals nichtkirchlichen und durchaus linientreuen Familien. Der Thomanerchor sang noch am 7. Oktober 1989 beim Festakt zum 40-jährigen Bestehen der DDR im Palast der Republik in Ostberlin. Während der Montagsdemonstrationen im Herbst 1989 war das Alumnat des Thomanerchores verschlossen, damit keiner der jungen Männer an den Montagsdemos teilnehmen konnte. Und nach der Friedlichen Revolution wurde im Chor die Parole ausgegeben: Bei uns ändert sich nichts.

14 Tage bevor wir nach Leipzig umzogen, rief ich Mitte Februar 1992 den gerade vom Stadtrat gewählten und vom Kirchenvorstand bestätigten designierten Thomaskantor Hermann Max aus Köln an, um mich bei ihm vorzustellen und ein erstes Treffen zu vereinbaren. Ich kannte ihn von seinen hervorragenden CD-Einspielungen des Bachschen Werkes. Am Telefon teilte er mir aber mit, dass er wenige Minuten zuvor sein Kommen nach Leipzig abgesagt habe. Er traue sich die Aufgabe nicht zu. Die Gemengelage sei doch äußerst kompliziert. Ich bedauerte das sehr, war mir aber sofort darüber im Klaren, nun an der Wahl des nächsten Thomaskantors beteiligt zu sein. Drei Kandidaten waren eingeladen: Georg Christoph Biller aus Leipzig, Christfried Brödel aus Dresden, Christoph Spering aus Köln. Nach ihren Vorstellungen fiel die Wahl eindeutig aus: Der Stadtrat entschied sich für Biller, der selbst Thomaner war und über zehn Jahre lang den Gewandhauschor leitete. Da das Einvernehmen mit dem Kirchenvorstand hergestellt werden musste, kam es auch dort zu einer Abstimmung, die die Entscheidung des Stadtrates bestätigte. Damit

war der Weg für Georg Christoph Biller frei. Er sollte sein Amt zum neuen Schuljahr 1992/93 antreten.

Übergangsweise hatte Universitätsmusikdirektor Wolfgang Unger nach der Entlassung von Rotzsch die Leitung des Thomanerchores übernommen. Deutlich war beim Gesang des Chores in den Gottesdiensten zu hören, wie vor allem die Männerstimmen bei der Liturgie bewusst röhrten, um ihrem Frust Ausdruck zu verleihen. Auch sollen sich auf der Westempore Szenen während des Gottesdienstes abgespielt haben, bei denen die christlichen Thomaner – heute würde man sagen: gemobbt wurden. Das kam bei unseren montäglichen Dienstberatungen zur Sprache, mit einem larmoyanten Unterton: Wir sind die Opfer der alten Seilschaften. Ich schlug daraufhin vor, als Kirchenvorstand unbedingt mit den »Obernschaftlern« (11. und 12. Klasse) im Chor zu reden, ihnen also Gelegenheit zu geben, ihre Kritik an uns offen auszusprechen, ihnen aber auch unsere Position darzustellen. Nur durch die offene Auseinandersetzung würde sich etwas zum Positiven ändern lassen. Im April 1992 kam es dann im »Kasten«, so wird das Alumnat, der Wohnstätte der Thomaner, von den Thomanern genannt, zur Aussprache. Mir ist gut erinnerlich, wie der Präfekt des Chores die Befürchtung äußerte, dass aus dem Thomanerchor eine Art Kloster und aus »rot« nun »schwarz« werden solle. Meine Antwort war: »Was heißt hier Kloster *werden*? Ihr lebt doch wie in einem Kloster.« Jedenfalls kam mir der »Kasten« mit seinen spartanischen Stuben und den großen Schlafsälen damals so vor. »Niemand verlangt, dass ihr Christen werdet, aber unstrittig muss sein, dass ihr mit der gottesdienstlichen Musik einen kirchlichen Auftrag erfüllt.« Der Kirchvorsteher Dieter Schille, ein besonders kluger und besonnener Mensch, erläuterte und verteidigte dann noch einmal die Haltung des Kirchenvorstands zu Rotzsch und seiner Entlassung. Der Erfolg dieses Gesprächs stellte sich nicht sofort ein, aber er stellte sich ein. Das Verhältnis zwischen Chor und Kirchgemeinde war danach deutlich entkrampft.

Durch einen schweren Verkehrsunfall verzögerte sich der Dienstantritt von Thomaskantor Biller um einige Monate. Er begann seine Tätigkeit am 6. November 1992 und wurde am 1. Advent 1992 im Gottesdienst durch Oberbürgermeister Dr. Hinrich Lehmann-Grube und Superintendent Johannes Richter in sein Amt eingeführt. Die Vertretung übernahm – wie des Öfteren in den Folgejahren – Gotthold Schwarz, Bassist und Stimmbildner und ein ausgezeichneter Chorleiter. Auch wenn mancher sich einen Thomaskantor gewünscht hat, der frei ist von allem Stallgeruch, so ist die Entscheidung für Biller von heute aus gesehen richtig gewesen. Biller hat das große Verdienst, den Chor wieder zu seinem liturgischen Auftrag zurückgeführt zu haben. Er hat die Motetten gottesdienstlich profiliert, insbesondere die am Freitag, die – wäre nicht die Friedliche Revolution dazwischengekommen – abgeschafft werden sollte. Er hat die regelmäßige Aufführung der Kantatenjahrgänge in den Samstagsmotetten ermöglicht. Er berücksichtigt das Mendelssohnsche Werk in besonderer Weise im Repertoire des Chores und widmet sich regelmäßig Uraufführungen zeitgenössischer Chormusik. Und gemeinsam ist es uns gelungen, den Stadtrat wieder an seine Verantwortung für den Thomanerchor zu erinnern.

Das innere Chorleben musste sich in den Jahren nach der Friedlichen Revolution langsam erneuern. Das war ein durchaus mühsamer Prozess. Zum einen war der Chor durch das anspruchsvolle Programm des Thomaskantors gefordert, zum andern mussten Schule und Chor sich neu aufeinander einstellen. Und es galt, das Verhältnis zur Kirchgemeinde zu normalisieren. 1991 hatte Superintendent Richter erreicht, dass im Alumnat, einer städtischen Einrichtung, ein kirchlicher Erzieher eingestellt wurde: Roland Weise. Er ist heute der pädagogische Leiter des Alumnates und gehört für mich zu den Persönlichkeiten, die aufgrund ihrer politischen Haltung zu DDR-Zeiten nicht studieren durften, die nach 1989/90 die sich eröffnenden Chancen mutig ergriffen haben. Damals aber war er unter den Erziehern, die teilweise sogar Parteisekretäre gewesen waren, ein »Fremdkörper«

im Alumnat. Natürlich kann man sich fragen, ob es nicht besser gewesen wäre, 1992 mit einer ganz neuen Mannschaft anzufangen. Doch der Thomanerchor ist ein Organismus, der sich zwar ständig erneuert, aber keine abrupte Unterbrechung verträgt. Mit den beiden neuen Pfarrern an der Thomaskirche (außer mir noch Pfarrer Johannes Jenichen) kehrte die Kirchgemeinde ins Alumnat zurück. Wir erteilten dort den Konfirmandenunterricht – kurze Zeit zuvor noch undenkbar. In den Sommerferien führte und führt die Kirchgemeinde eine Rüstzeit für Thomaner und Geschwisterkinder durch. 1992 ging es nach Röbel an der Müritz. Dort hatte Otto Ernst Drephal, der im Auftrag der Kirchgemeinde St. Thomas-Matthäi zu DDR-Zeiten für die Thomaner den Konfirmandenunterricht erteilte, in jahrelanger Eigenarbeit mit Jugendlichen einen Kirchturm als Rüstzeitheim ausgebaut. 22 meist jüngere Thomaner fuhren zur ersten Rüstzeit mit. Die älteren Thomaner boykottierten das Angebot der Kirchgemeinde fast vollständig. Schon damals erwiesen sich die zehn Tage als wunderbare Möglichkeit, ein neues Fundament für die gemeinsame Arbeit zu schaffen, das Gewesene zu reflektieren und für das neue Schuljahr Vorhaben für das Chorleben zu planen. Die Rüstzeiten sind thematisch geprägt von drei Schwerpunkten: Reflexion des Chorlebens, Verstehen der gesungenen Musik, biblische Inhalte. Und natürlich kommen Fußball, Wandern, Schwimmen, Theaterspielen nicht zu kurz.

In den 90er Jahren war wie überall die gesellschaftliche Umbruchsituation auch im Chor zu spüren – und zu hören. Denn wie es um das Innenleben des Chores bestellt ist, das kann der aufmerksame Motettenbesucher hören. Die Neuorientierung hielt bis 2005 an. Danach trat eine deutliche Stabilisierung des Chores ein – nicht zuletzt bedingt durch eine Intensivierung der Nachwuchsarbeit und durch das Zukunftsprojekt forum thomanum. Das führte dazu, dass der Thomanerchor seit 2005 ein außergewöhnlich hohes gesangliches Niveau halten kann. Das ist umso erstaunlicher, als sich der Chor ständig verändert und innerhalb von drei Jahren faktisch völlig austauscht. Der Thomaskantor weiß zu Jahresbeginn nicht, wer von den Stimmführern im Sopran und Alt noch das Weihnachtsoratorium mitsingen kann. Aber gemessen wird der Thomanerchor weltweit an den Spitzenensembles, die sich aus Profis zusammensetzen. Das ist eine Herausforderung, deren Ausmaß ich erst nach und nach begriffen habe. Jeden Tag vor über 80 Kindern und Jugendlichen zu stehen, sie zu motivieren und auf eine professionelle Darbietung am Freitag, Samstag und Sonntag vorzubereiten – das ist eine ungeheure Leistung, die der Thomaskantor zu erbringen hat. Sie wird leider in der Öffentlichkeit, insbesondere in den Feuilletons, absolut unterschätzt.

Während der längeren Krankheitsphase von Thomaskantor Biller 2003/2004 hatte Gotthold Schwarz die Leitung des Chores übernommen. Es war und ist für den Chor ein Glücksfall, dass mit ihm die Arbeit bruchlos fortgesetzt werden konnte. Im November 2003 kam es dann zu einer schweren Krise. Einem älteren Thomaner wurde ein sexueller Übergriff auf Jüngere vorgeworfen. Der Leiter der Universitätskinderklinik Leipzig, Wieland Kiess, beantwortete damals die Frage, seit wann solche Probleme auftreten, lapidar: seit 800 Jahren – die einzig angemessene Einschätzung, ohne damit irgendetwas zu beschönigen. Natürlich muss ein solcher Übergriff geahndet werden. Die Erzieher und Erzieherinnen im Chor handeln in dieser Hinsicht klar und vorbildlich. Doch wenn Eltern ihr Insiderwissen an die BILD-Zeitung und die Lokalpresse weitergeben und die Staatanwaltschaft eingeschaltet wird, endet jede Möglichkeit, einen solchen Konflikt menschlich und angemessen zu lösen. Ich wurde damals, wie meistens in schwierigen Situationen des Chorlebens, in die Beratungen einbezogen. Aufgrund der städtischen Trägerschaft des Alumnates haben die Pfarrer der Thomaskirche keine rechtliche Funktion im Chor. Aber gerade das ermöglicht ihnen eine Art »Libero«-Position. Alle Bemühungen, BILD Leipzig von einer Berichterstattung abzuhalten mit dem Hinweis, dass es sich bei den Thomanern um Kinder und Jugendliche handelt, die geschützt werden müssen, nutzten nichts. BILD Leipzig titelte auf Seite eins: »Sexskandal bei den Thomanern?« und platzierte darunter eine riesige Gesamtaufnahme des Chores. Wie musste das auf die Kinder und Jugendlichen wirken? Viele fühlten sich angefasst, beschädigt, verunsichert. Natürlich zog die »Leipziger Volkszeitung« nach, allerdings nicht so reißerisch. So wurde der Vorfall Thema der öffentlichen Diskussion. Neben meiner Aufgabe, die folgende Elternversammlung zu leiten, aus der dann auch in BILD Leipzig (selbstverständlich falsch) berichtet wurde, habe ich versucht, durch das Eröffnen eines Nebenkriegsschauplatzes vom Chor abzulenken. In einer Presserklärung warf ich BILD Leipzig vor, bewusst, wissentlich und gezielt zu lügen: BILD Leipzig benutze diesen Vorgang, um aus einer Mischung aus Anzüglichkeit, Lügen und Phantasie anregenden Bildern auf dem Rücken der Kinder und Jugendlichen rücksichtslos zweifelhafte Bedürfnisse ihrer Leserschaft zu befriedigen. BILD Leipzig versuchte sich zu rechtfertigen, indem der Chorleitung unterstellt wurde, den Vorfall verschweigen zu wollen (was Unsinn war). Auch wenn die Staatsanwaltschaft Leipzig zunächst ohne jede Rücksichtnahme auf das Chorgefüge handelte und leider einige (wenige) Eltern die Presse immer wieder mit Informationen fütterten – der Konflikt konnte dann doch eingegrenzt werden. Für mich hatte das allerdings noch ein Nachspiel. Zunächst veröffentlichte BILD Leipzig eine Fotomontage, in der man mich im Schlafsaal des Thomanerchores abbildete. Dann erhielt ich vom Axel-Springer-Verlag die Aufforderung, meine oben genannte Behauptung zurückzunehmen. Darauf habe ich nicht reagiert. Die Antwort kam prompt: Der Springer-Verlag erwirkte eine einstweilige Anordnung gegen mich, der zufolge ich nicht mehr behaupten durfte, dass BILD Leipzig und seine Redakteure »bewusst, wissentlich und gezielt lügen«. Leider ist es presserechtlich äußerst schwierig, eine solche Behauptung zu belegen. Also musste ich dem juristischen Rat folgen, mich der Anordnung zu beugen und die damit verbundenen 1.500,– Euro zu bezahlen. Das Geld war mir die Sache wert. Und natürlich habe ich dann mehrfach in der Öffentlichkeit (also in der Motette) erklärt, dass ich nicht mehr behaupten darf, BILD Leipzig würde »bewusst, wissentlich und gezielt lügen«. Jahre später hatte ich Gelegenheit, mit Friede Springer über diesen Vorfall zu sprechen. Selbstverständlich hat sie sich zur Sache nicht geäußert. Aber sie hat in den vergangenen Jahren das forum thomanum in vielfältiger Weise unterstützt.

Insgesamt gehörten die außerordentlich ertragreiche Zusammenarbeit mit Thomaskantor Biller und das vertrauensvolle Verhältnis zu den Erziehern und Erzieherinnen im Alumnat, besonders zu Roland Weise, für mich zu den schönsten Erfahrungen in

Leipzig. Das schließt auch die Phasen ein, in denen wir um neue Weichenstellungen, Veränderungen, Neuausrichtungen gerungen haben. Dabei konnten wir nicht nur manch kritische Situation bewältigen. Wir haben die Thomaner auch in ihrem eigenen Verständnis zu einem Teil der Kirchgemeinde St. Thomas werden lassen, die Kirchenmusik an und in der Thomaskirche profilieren und manchen Angriff gemeinsam abwehren können: sei es der untaugliche Versuch des SPIEGEL im November 2008, der Chorleitung autoritäre, kinderfeindliche Methoden zu unterstellen, sei es die äußerst befremdliche Frage des derzeitigen Kulturbürgermeisters Michael Faber unmittelbar nach seinem Dienstantritt, warum die Stadt Leipzig eigentlich gottesdienstliche Musik finanziere. Der von der Fraktion »Die Linke« vorgeschlagene Faber meinte damit die Mitwirkung des Thomanerchors an den normalen Gottesdiensten in der Thomaskirche. Er hatte offenbar nicht verstanden, dass die Stadt diesen weltberühmten Chor überhaupt nur wegen seines geistlichen Auftrages für die gottesdienstliche Musik ihr eigen nennen kann.

Heute können wir nicht oft genug darauf hinweisen, dass der Thomanerchor und das Thomaskantorat die ältesten kulturellen Einrichtungen der Stadt Leipzig sind. Der Thomanerchor ist darüber hinaus die kostengünstigste und effektivste Kultureinrichtung Leipzigs mit einer weltweiten Ausstrahlung und erheblichen wirtschaftlichen Vorteilen für die Stadt – aber nur dann, wenn die Stadt diese Einrichtung in der Zusammenarbeit mit der Thomaskirche pflegt. Wohl ist der Thomanerchor seit der Reformation eine städtische Einrichtung, aber an seinem kirchlichen Auftrag hat sich dadurch nichts geändert. Der wichtigste Ertrag dieser inzwischen weithin vorbildlichen Zusammenarbeit aber ist, was nun entsteht: das forum thomanum. Wahrscheinlich nur auf diesem Wege können wir dem gerecht werden, was Thomaskantor Biller den Thomanern immer vermitteln möchte: »Wir sind nichts Besonderes, aber wir tun etwas Bedeutendes.«

In welchem Geist leben wir?

Ansprache zur Motette
am Schuljahresende am 20. Juli 2007

Mathias Monrad Møller
(*1988; Thomaner 2002–2007)
Miror für achtstimmigen Chor und vierstimmige Solobesetzung

Johann Sebastian Bach (1685–1750)
Der Geist hilft unser Schwachheit auf
Motette für zwei vierstimmige Chöre, BWV 226

Schwachheit – sie gehört zu den Grunderfahrungen von uns Menschen, nicht gerade angenehm, aber fast unvermeidlich. Schwachheit erlebt jeder, der einmal die Schulbank gedrückt hat, sich von der Klassengemeinschaft ausgestoßen oder plötzlich ganz einsam fühlt in der großen Gemeinschaft des Chores. Dann, wenn ich den an mich gestellten Anforderungen nicht gerecht werde, dann, wenn sich mein eigenes Verhalten nicht mehr in Einklang bringen lässt mit den Erfordernissen gemeinsamen Lebens in der Familie, in der Schulklasse, im Chor, dann, wenn ich mich plötzlich wiederfinde in der Hassecke eines für Schüler eingerichteten Internetportals und schon als Fünftklässler mit dieser ekelhaften Einübung in Menschenfeindlichkeit konfrontiert werde und damit überhaupt nicht klarkomme – dann kommt sie auf, die verletzende Einsamkeit, die mich zweifeln lässt am Sinn meines Mühens, und ich spüre schmerzhaft, wie mein Selbstwertgefühl zerbröselt.

Schwachheit erleben aber auch die Mutigen unter den Menschen. Heute ist der 20. Juli. Wir gedenken der Männer und Frauen, die 1944, vor 63 Jahren, versucht haben, das verbrecherische Naziregime mit der Ermordung Hitlers zu beenden. Alle, die vor und nach dem Attentat in Haft gerieten, gefoltert und schließlich hingerichtet wurden, berichten auch von den Momenten der Anfechtung, der Verzweiflung. Und doch sind es gerade diese Menschen, die – fest gegründet im biblischen Glauben – bezeugen können, was wir gerade gehört haben: *Der Geist hilft unser Schwachheit auf.*

Ein hervorragender Vertreter des Widerstands gegen das Verbrechen des Nationalsozialismus, Helmuth James Graf von Moltke, der dem Kreisauer Kreis angehörte und schon im Januar 1944 verhaftet wurde, schrieb, den Tod vor Augen, im Oktober 1944 an seine Söhne:

Ich habe mein ganzes Leben lang, schon in der Schule, gegen einen Geist der Enge und der Gewalt, der Überheblichkeit, der Intoleranz und des Absoluten, erbarmungslos Konsequenten angekämpft, der in den Deutschen steckt und der seinen Ausdruck in dem nationalsozialistischen Staat gefunden hat. Ich habe mich auch dafür eingesetzt, dass dieser Geist mit seinen schlimmen Folgeerscheinungen wie … Rassenverfolgung, Glaubenslosigkeit, Materialismus überwunden werde.

Da steht sie also an – die Frage: In welchem Geist wollen wir leben? Menschen wie von Moltke wussten um den Geist, der in größter äußerer Schwachheit aufhilft, der durch das Gebet die Unterscheidung der Geister lehrt und mich vor dem Nachplappern platter Parolen bewahrt. Von Moltke hatte eine Ahnung von dem Gott, den er in seiner Not, in seiner Einsamkeit, anrufen konnte und der in tiefster Dunkelheit Licht verheißt und von aller Menschenfurcht befreit. Er wusste von dem Gott, der den einzelnen Menschen würdigt, den Schwachen stärkt und die Starken in die Verantwortung ruft. Er wusste von dem Gott, der die Liebe ist und uns angesichts seiner Barmherzigkeit immer in demütiges Erstaunen versetzt, so dass wir trotz aller Erfahrung von Niedertracht und Zerstörung vielstimmig ausrufen können: miror – ich staune. Ich staune über die unendlichen Möglichkeiten Gottes – über den Gott, der Tod in Leben verwandelt und aus dem Bösen Gutes entstehen lassen kann und will und der alle Grenzen sprengt.

Doch jede Generation, jeder Schuljahrgang, jeder Einzelne muss um die Antwort auf die Frage: In welchem Geist gestalten wir unsere Gesellschaft, in welchem Geist soll sich der Schul- und Choralltag vollziehen?, ein neues Ringen beginnen. Dabei ist es eine große Hilfe und letztlich unerlässlich, wenn wir auf den Glauben in der jüdisch-christlichen Tradition zurückgreifen können und uns an Vorbildern des Glaubens orientieren. Wie schwer wir uns aber damit tun, zeigt, dass Meinungslosigkeit und Anpassung viel zu selbstverständlich praktiziert und eingefordert werden, dass wir die offene Debatte um den Geist und die Werte scheuen. Wir brauchen uns nicht zu wundern, dass der Hang zum so schrecklich einfachen, rechtsextremistischen Denken schon wieder salonfähig geworden ist und die Folgeerscheinungen, die von Moltke nannte, wie Rassenverfolgung, Glaubenslosigkeit und Materialismus das Denken und Handeln allzu vieler Menschen auch heute bestimmen.

Wenn wir uns Woche für Woche hier in der Thomaskirche zu Motetten und Gottesdiensten versammeln, wenn einige der heute zu verabschiedenden Abiturienten aus dem Thomanerchor vor zwei Jahren die löbliche Initiative zum Nachtgebet, der Komplet, in der Lutherkirche starteten, dann vor allem aus einem Grund: um den Geist zu atmen, der aus aller Schwachheit aufhilft, und um zu spüren, dass Gottes Kraft vor allem im Schwachen mächtig ist. Darum brauche ich hier nichts von meinen Unzulänglichkeiten zu verstecken. Hier komme ich vor Gott zu stehen – wissend, wen ich in meiner Not anrufen kann. Hier kreise ich nicht um mich selbst. Hier muss ich mich nicht abfinden mit den großen und kleinen Ungerechtigkeiten, unter denen ich leide. Hier muss ich nicht den starken Max markieren und mir dazu mit der nötigen Portion Alkohol Mut antrinken. Hier kann ich vom Grundvertrauen zehren, das mir Gott in Jesus Christus entgegenbringt, das mir Selbstbewusstsein verleiht und mich aus aller Verlorenheit herausruft.

Allerdings: Ich muss das alles nicht. Ich kann darauf verzichten. Ich kann das alles meiden – auch in der Erziehung, auch in der Schule. Und ich kann mir diesen Verzicht auch noch mit weltanschaulicher Neutralität und Wertefreiheit schönreden. Nur – das hat Folgen. Und die sind nicht besonders erbaulich. Also werden wir weiter dem Missverständnis entschieden entgegentreten müssen, als handele es sich bei musischer, kultureller, religiöser Bildung um eine Engführung. Nein, wir benötigen die Ausbildung geistlicher und geistiger Kompetenz, um Weite des Denkens zu gewinnen.

Ihr, liebe Thomaner, gehört zu den Menschen, die über die Musik täglich in Berührung mit dem Geist kommen, der aus aller Schwachheit aufhilft. Mit eurem Gesang rührt ihr viele Menschen an und richtet sie durch die gesungene Bitte um Gottes Geist auf und weitet die Perspektive. Ihr solltet immer daran denken, dass gerade durch die geistliche Musik all die Werte hörbar werden, die ein menschliches Miteinander ermöglichen. Natürlich erlebt ihr an euch selbst, dass dies eine eigene, lebendige, streitige Auseinandersetzung um Werte und Maßstäbe provoziert – im Inneren wie nach außen. Wer zur Ehre Gottes singt, unterwirft sich einem hohen Maßstab, den er nicht selten und durchaus auch mit Häme um die Ohren geschlagen bekommt. Dennoch tun wir gut daran, nicht lockerzulassen: Dieser Geist, der aus der Schwachheit aufhilft, soll auch den Alltag prägen – in der Schule, im Chor, in eurem zukünftigen Leben. Das muss durch keine Behörde genehmigt werden, aber es bedarf aller Unterstützung durch Stadt, Land und Kirche. Und dann können wir in diesem Geist leben – Gott sei Dank! Amen.

forum thomanum – eine Vision wird Wirklichkeit

Zu Beginn meiner Tätigkeit in Leipzig und auch noch Jahre danach habe ich mir nicht vorstellen können, dass ich mich eines Tages mit einem Bildungsprojekt beschäftigen werde, das in der angedachten Weise etwas wirklich Neues ist: das *forum thomanum*. Ausgangspunkt für die Idee, um den Thomanerchor und die Thomasschule einen Bildungscampus aufzubauen, war ein Grundsatzpapier von Thomaskantor Georg Christoph Biller aus dem Jahr 1998, in dem er bei der Stadt Leipzig grundlegende Veränderungen für den Chor anmahnte. Der Thomanerchor, mit seiner 800-jährigen Tradition und seit der Reformation in städtischer Trägerschaft, hatte in den ersten Jahren nach der Friedlichen Revolution deutliche Nachwuchsprobleme. Auch galt es, die Lebensverhältnisse der Chorknaben zu verbessern.

Doch nicht nur das. Die Thomasschule kehrte um die Jahrtausendwende an den alten Standort und damit in unmittelbare Nähe des Alumnats zurück. 1973 war sie als Plattenbauschule in der heutigen Telemannstraße neu gebaut worden – damals auch mit dem erklärten Ziel, Thomasschule und Thomanerchor gänzlich von der Kirche zu trennen. Im Zusammenhang mit der

Rückkehr an den alten Standort im heutigen Bachstraßenviertel und der Notwendigkeit, einen neuen Rektor zu bestimmen, bildete sich Mitte der 1990er Jahre ein Schulkuratorium. Dieses war bestrebt, der Tradition der THOMANA – der Trias von Thomaskirche, Thomanerchor und Thomasschule und ihrem musikalischen, geistigen und geistlichen Ertrag – und den modernen Erfordernissen des Thomanerchores gerecht zu werden und ein entsprechendes Konzept für die Thomasschule zu entwickeln. Dabei zeigte sich sehr schnell, dass der Chor eigentlich einer Gemeinschaftsschule von der 1. bis zur 12. Klasse bedarf, die sich in Lehrplan und Curriculum auch nach den Erfordernissen des Chores richtet, ähnlich den spezialisierten Strukturen des Sportgymnasiums. Tatsächlich aber ist die Thomasschule ein öffentliches Gymnasium, eingeengt im immer noch bürokratischen Korsett einer öffentlich-rechtlichen Schule. Für sie hat die Erfüllung der Schulrechtsparagrafen Vorrang vor der Orientierung an den Erziehungs- und Bildungszielen einer so traditionsreichen Institution wie Thomanerchor und Thomasschule im dritten Jahrtausend. Daran ändern auch das musikalische resp. künstlerische und sprachliche Profil und die Zusammenfassung der Thomaner in sogenannte TM-Klassen nichts.

Im Jahr 2002 kam es zur Vereinigung von Luther-Gemeinde und St.-Thomas-Matthäi-Gemeinde zur Kirchgemeinde St. Thomas – mit der Folge, dass die neue Kirchgemeinde St. Thomas Eigentümerin der Lutherkirche und des Gemeindehauses Schreberstraße 3–5 wurde. Schon bei der Planung der Gemeindevereinigung ab 1998 gab es die Idee, die beiden Gebäude dem Thomanerchor und der Thomasschule zur Nutzung anzubieten. Da sich die Gemeindevereinigung aber verzögerte, hatte die damalige Kirchgemeinde St. Thomas-Matthäi keine rechtliche Möglichkeit, der Stadt Leipzig die Lutherkirche als multifunktional umzugestaltenden Raum für die Thomasschule, die auch heute noch keine adäquate Aula hat, zur Verfügung zu stellen. Erst 2002 konnte der Kirchenvorstand der vereinigten Kirchgemeinde St. Thomas beschließen, beide Immobilien in den Campus forum thomanum einzubringen.

Zur Idee *forum thomanum* führte auch die Erkenntnis, dass die religiöse und kulturelle Bildung heute dringend einer Aufwertung in den Schulen bedarf. Dazu ist eigentlich eine grundlegende Erneuerung des Bildungskanons nötig. Zwar wurde in den Debatten um die inhaltliche Ausrichtung der Thomasschule häufig von ›100 plus X‹ gesprochen und gemeint: Das auszuweitende musische Profil darf nicht auf Kosten von anderen Schwerpunktfächern gehen. Jedoch wurde dabei außer Acht gelassen, dass der Behandlungs- und Lernstoff an den Gymnasien – nicht zuletzt durch das Zentralabitur – inzwischen so umfangreich geworden ist, dass dies von den Schülerinnen und Schülern kaum mehr sinnvoll zu bewältigen ist und auf Kosten all der Kompetenzen geht, die für die Persönlichkeitsbildung von zentraler Bedeutung sind. Die Lernziele bedürfen darum einer dringenden Überprüfung, um Raum zu schaffen für die Fächer, die vor allem der Persönlichkeits- und Wertebildung dienen. Außerdem soll dem Erlernen der Grundfertigkeiten des Lebens ein angemessenes Gewicht gegeben werden. Dazu gehören neben Rechnen, Lesen und Schreiben auch die soziale Kompetenz, seinen Alltag bewältigen zu können, die Übersicht zu behalten, mit Geld umzugehen, wirtschaftliches Handeln und die Fähigkeit, Wissen und gesellschaftliche Verantwortung abzuwägen.

Zunächst war das *forum thomanum* eine Vision von Wenigen: An erster Stelle ist hier Thomaskantor Biller zu nennen, dann der pädagogische Leiter des Alumnats Roland Weise, der Geschäftsführer des Thomanerchores Dr. Stefan Altner und ich selbst. Kaum war die Idee ausgesprochen, wurde sie von vielen belächelt. Heute hingegen handelt es sich beim *forum thomanum* um das wichtigste Bildungsprojekt der Stadt Leipzig, eine Initiative, die schon längst in der Wirklichkeit angekommen ist. Doch zunächst war die Aufgabe wirklich visionär: aus einer Ideenwolke nach und nach eine Treppe in die Realität zu bauen.

Eine erste Stufe bestand darin, im August 2002 den *forum thomanum Leipzig e.V.* zu gründen. Der Verein sollte die Vorstellungen umsetzen, die ansatzweise im Schulkuratorium entwickelt worden waren. Aufgrund der schweren Erkrankung meiner Frau Dorothea konnte ich mich nach Gründung des Vereins zunächst nicht weiter in ihm engagieren. 2004 wurde ich dann gebeten, den Vorsitz zu übernehmen. Damit war ich nicht nur Vorsitzender des *forum thomanum Leipzig e.V.*, sondern auch Vorsitzender der Kooperationspartner dieses Projektes: des Kirchenvorstands St. Thomas und der Stiftung Chorherren zu St. Thomae. Was in sich nicht ganz unproblematisch ist, von der Arbeitsbelastung einmal abgesehen, hat sich in den vergangenen Jahren durchaus als vorteilhaft erwiesen. Denn es gab so gut wie keine Reibungsverluste. Allerdings musste bzw. muss ich nicht nur bei der Spendenakquise immer darauf achten, für wen ich unterwegs bin. Im Sommer 2004 gelang es dem Vorstand des forum thomanum, der Öffentlichkeit eine erste Konzeption für die Vision *forum thomanum* vorzulegen: Um den Thomanerchor und die Thomasschule soll bis zum Jahr 2012, zum 800-jährigen Jubiläum der THOMANA, ein Bildungscampus im Bachstraßenviertel errichtet werden, bestehend aus einer musikalisch und sprachlich (Englisch, Italienisch) ausgerichteten Kindertagesstätte, einer Grund- und Mittelschule und einer Jugendmusikakademie. Der Campus ist zwischen Hiller-, Sebastian-Bach- und Schreberstraße angesiedelt – mit der multifunktional umzugestaltenden Lutherkirche (Gottesdienststätte, Schulaula, Konzert- und Aufnahmeraum) als Zentrum. Von großem Vorteil war (und ist), dass Architektin Gabriele Weis vom renommierten Leipziger Architekturbüro Weis & Volkmann das Projekt mit viel Sachverstand und den Zielen des *forum thomanum* verbunden planerisch begleitet.

Das Projekt *forum thomanum* war zunächst umgeben von Bedenkenträgern und Skeptikern. Kein Wunder: Während angesichts der sinkenden Schülerzahlen in Leipzig viele Schulen geschlossen werden mussten, sollte nun ein neues Bildungszentrum aufgebaut werden – und das auch noch in Verantwortung der Stadt. Darum stieß die Forderung, eine Grundschule für die Nachwuchsarbeit des Thomanerchores in Anspruch zu nehmen, im noch existierenden Kuratorium schon 1997 bei den Vertretern der Schulbehörden auf einmütigen Widerstand. Kategorisch wurde festgestellt, dass es aufgrund der Gesetzeslage unmöglich sei, in eine vorhandene Grundschule die Nachwuchsarbeit für den Thomanerchor einzubinden, was auch die Aufhebung des Wohnortprinzips für diese Grundschule bedeuten würde. Ich erklärte dem Oberschulamtsleiter und dem Leiter des Regionalschulamtes ziemlich unbeherrscht: Sie werden nicht dafür bezahlt, uns zu sagen, was nicht geht, sondern sollen ermöglichen, was für den Thomanerchor notwendig ist. Und siehe da: Plötzlich ging es doch. Die damalige 76. Grundschule, die heutige Édouard-Manet-Grundschule, konnte mit Beginn des Schuljahres 1998/99 aus dem ganzen Stadtgebiet Kinder aufnehmen, die im Hort durch Lehrkräfte des Alumnates Musikunterricht erhielten. So entwickelte sich ein durchaus erfolgreiches Konzept, über die 76. Grundschule verstärkt Nachwuchs für den Chor zu gewinnen. Das wurde noch dadurch unterstützt, dass die Evangelisch-Lutherische Landeskirche Sachsens seit 2002 eine Stelle zur Nachwuchsgewinnung für den Thomanerchor finanziert. Leider hat aber die Édouard-Manet-Grundschule nicht die Chance genutzt, für sich selbst ein musikalisches Profil zu entwickeln. So blieb die musikalische Erziehung auf den Hortbereich beschränkt.

Doch das waren nicht die einzigen Schwierigkeiten: Sowohl die 76. Grundschule als auch die Thomasschule versuchten, sich ganz vom musikalischen Profil zu verabschieden. Die 76. Grundschule richtete 2007 ein sportliches Profil ein und nannte sich nicht, wie einmal angedacht, nach der zweiten Frau Johann Sebastian Bachs, Anna Magdalena Bach, sondern nach dem Maler Édouard Manet. Das erfolgte unter Zustimmung des Schuldezernates – ein Beleg dafür, dass die Bedeutung des Thomanerchores und die Notwendigkeit einer intensiven Nachwuchsarbeit nur unzureichend im Blick waren und die Chancen, die im Projekt *forum thomanum* liegen, damals nicht hinreichend gesehen wurden. Auch die Thomasschule (Gymnasium) unternahm anlässlich der neuen Profilbestimmung der Gymnasien im Herbst 2004 den Versuch, sich auf ein sprachliches und naturwissenschaftliches Profil zu beschränken, also das musische beziehungsweise künstlerische Profil aufzugeben. Dieser Versuch der Schulleitung konnte aber Gott sei Dank durch massiven Protest vonseiten des Thomaskantors und der Thomaner-Eltern gestoppt werden. Der Vorgang zeigt, dass es weder in der Stadtverwaltung noch in der Schulverwaltung eine klare Vorstellung davon gab, wie sich der Thomanerchor entwickeln soll und welche Form von schulischer Bildung für den Chor und seine Beanspruchung angemessen ist.

Im Jahr 2005 mussten die konkreten Planungen der einzelnen Module des *forum thomanum* begonnen und diese auch in eine Realisierungsphase überführt werden, sollte das Ziel erreicht werden, den Campus forum thomanum bis zum Jubiläumsjahr 2012 fertig zu stellen. Doch 2012 lag für die meisten Verantwortungsträger damals noch in weiter Ferne. Außerdem galt es, für die Dienstberatung des Oberbürgermeisters eine Gesamtvorlage zu erstellen. Zwei Projekte standen konkret an: der Bau einer Kindertagesstätte und der Kauf der *villa thomana*. Doch der damalige Oberbürgermeister von Leipzig, Wolfgang Tiefensee, war der Überzeugung, der Thomanerchor brauche keine Kindertagesstätte, sondern eine Sporthalle. Und ebenso sah sich die Stadt Leipzig nicht in der Lage, die heutige *villa thomana* mit dem dazugehörenden Grundstück für das *forum thomanum* im Tauschverfahren von der Leipziger Wohnungsbaugesellschaft (LWB), einem hundertprozentigen Tochterunternehmen der Stadt Leipzig, zu erwerben. Der Campusgedanke machte aber die Gründung einer Kindertagesstätte sowie den dafür nötigen Kauf der verfallenen Villa des Kaufmanns Ledig samt dem dazugehörenden Grundstück in der Sebastian-Bach-Straße 3 unabdingbar. Und so kam die Stiftung ›Chorherren zu St. Thomae‹ ins Spiel. Sie wurde 2001 als Kapitalstiftung zur Pflege des Erbes von Johann Sebastian Bach in seinen geistlichen Bezügen, insbesondere zur Förderung des Bachfestes, des Thomanerchores und des *forum thomanum*, gegründet. In der Stiftung arbeiten Stadt Leipzig, Kirchgemeinde St. Thomas, Bach-Archiv Leipzig, Thomanerchor Leipzig sowie die Landesdirektion und der Verein Thomaskirche-Bach 2000 als Interessengemeinschaft zusammen. Mit dem 2005 vorhandenen Stiftungskapital konnte die Villa erworben werden – unter der Bedingung, dass die Stadt Leipzig die *villa thomana* für den Thomanerchor von der Stiftung Chorherren zu St. Thomae anmieten und somit der Stiftung die notwendige Rendite ermöglichen würde. Dies konnte dank des Engagements des damaligen Kulturbürgermeisters

Dr. Georg Girardet Ende 2005 realisiert werden. Allerdings musste die Stiftung Chorherren zu St. Thomae beim Kauf aus finanziellen Gründen auf einen Teil des Grundstückes verzichten, das aber für das Spielgelände der Kindertagesstätte dringend benötigt wurde. Dennoch begannen 2005 die Planungen für die Kindertagesstätte und für den Umbau der *villa thomana*. Damit wurde hier Wirklichkeit, was man *public private partnership* oder eben das Zusammenwirken von öffentlich-rechtlichen Institutionen und bürgerschaftlichem Engagement nennt.

Am Ende dieser Phase wurde bis Mai 2008 die *villa thomana* nach den Vorstellungen des Thomanerchores und der Thomasschule grundlegend renoviert und ebenso konnte auf dem Gelände der *villa thomana*, dessen Restgrundstück der Verein *forum thomanum* kaufen konnte, die Kindertagesstätte gebaut werden. Sie hat heute 100 Plätze, davon 18 Krippenplätze. Die Kita verfügt über ein musikalisches, sprachliches und religionspädagogisches Profil. Das musikalische Profil wird durch zwei Musikpädagoginnen abgedeckt, das sprachliche Profil (Englisch und Italienisch) durch Muttersprachlerinnen, die gleichzeitig als Erzieherinnen tätig sind. Das religionspädagogische Profil wird täglich gelebt. So orientiert sich die Kita am Kirchenjahr, und ich selbst halte wöchentlich eine Andacht. Der Verein *forum thomanum Leipzig e.V.* ist Träger der Kindertagesstätte, das Berufsbildungswerk Leipzig

(BBW) gGmbH, eine städtisch-diakonische Einrichtung, ist deren Betreiberin. Um die Profile der Kindertagesstätte zu sichern, wurde ein Beirat eingesetzt, in dem die grundsätzlichen Fragen zwischen Träger und Betreiber besprochen werden. Natürlich sind wir von Anfang an dem Vorwurf ausgesetzt gewesen, diese Einrichtung sei nur für die, die es sich leisten können. Richtig ist: Eltern müssen für den Kita-Platz ein Profilgeld in Höhe von 110 Euro zahlen (in der 2010 eröffneten Grundschule des *forum thomanum* beträgt das Schulgeld 100 Euro). Aber bei der Aufnahme der Kinder spielt der soziale Status der Familie keine Rolle (auch nicht die Spendenbereitschaft!). Eltern, die das Profil- oder Schulgeld nicht aufbringen können, haben die Möglichkeit, einen Stipendienantrag beim Verein forum thomanum zu stellen. Etliche Eltern beziehen ALG II. Derzeit unterstützen wir Eltern mit einem Gesamtbetrag von ca. 7.000 Euro im Jahr. Diesen Betrag müssen wir über Spenden einnehmen. Ich bin der festen Überzeugung, dass dieser Ansatz sozial gerecht ist. Denn mit niedrigem Profilgeld würden nur die Gutverdienenden subventioniert, der Sache und den Geringverdienern nutzt das aber wenig.

Nachdem der *forum thomanum Leipzig e.V.* Ende 2005 ein Gesamtkonzept für die Dienstberatung beim Oberbürgermeister vorgelegt hatte, kam die erste Phase zu einem gewissen Abschluss. Gleichzeitig traten grundsätzliche inhaltliche Probleme deutlich zutage. Die Thomasschule – jedenfalls die Schulleitung – zeigte wenig Interesse an der weiteren konzeptionellen Arbeit am *forum thomanum* und beteiligte sich kaum noch an der Ideenentwicklung. Wir zogen daraus zunächst die Konsequenz, die Thomasschule bei unseren Überlegungen auszusparen, um den Fortgang des Projektes nicht zu gefährden. Das war aber nur bedingt möglich. Und so brach im Mai 2007 eine Grundsatzdebatte um die Ausrichtung der Thomasschule aus – ausgelöst durch eine Bemerkung von Thomaskantor Biller im Interview mit dem *GewandhausMagazin*: »Das geistige Klima an der Thomasschule erinnert heute immer noch stark an die Polytechnische Oberschule der DDR.« Wie recht Biller mit diesem Vorwurf hatte, habe ich damals selbst erlebt. Insbesondere dann, wenn ich dem Kollegium die Entwicklung des forum thomanum vorstellte und auf eine offene Diskussion hoffte, schlug mir eine angstbesessene Abwehr entgegen – bis hin zur absurden, aber gezielt gestreuten Unterstellung, Pfarrer Wolff habe sich schon beim Evangelischen Schulzentrum ein neues Kollegium zusammengestellt; nach der Privatisierung der Thomasschule wolle er die bisherigen Lehrer und Lehrerinnen entlassen. Noch gravierender war für mich ein Vorgang aus dem Jahr 2006. Einige Thomaner hatten die Idee, in der Lutherkirche eine Komplet zu singen, und baten das *forum thomanum* dafür um Unterstützung. Ich habe diese Initiative sehr begrüßt und stellte mich gerne als Liturg zur Verfügung. Die Thomaner hatten die kleinen Handzettel des *forum thomanum* mit handschriftlichen, persönlichen Einladungen an ihre Lehrer versehen und diese im Lehrerzimmer der Thomasschule in die Fächer gelegt. Daraufhin mussten sie bei der Schulleiterin antreten und wurden »wegen unerlaubten Flugblattverteilens« gerügt. Ich habe gegen dieses Vorgehen, das nun wirklich den alten Geist atmete, protestiert – ohne jede Resonanz im Kollegium. Im Gegenteil: Ein Lehrer, den ich in einem Gespräch aufforderte, gegen solche autoritären Machenschaften vorzugehen, schrie mich an: »Ich lasse mich im Lehrerzimmer nicht zu einem Gottesdienst einladen.«

In der heftigen Auseinandersetzung um die Äußerung Billers habe ich auf einer Pressekonferenz die inhaltliche Grundlage für das *forum thomanum* wie folgt beschrieben:

> Beim *forum thomanum* geht es darum, vor allem durch Musik und Internationalität (Sprachen) den Bildungskanon aufzuwerten und das einzusetzen, was in besonderer Weise Kinder und Jugendliche in der Entwicklung ihrer Persönlichkeit, ihrer Intelligenz und sozialen Kompetenz fördert: die Musik, die Kunst, die Kultur, die Einführung in die geistige und geistliche Welt der Thomana. Dabei gilt es, die große Tradition der Thomana zu nutzen: Die Thomasschule war und ist die Schule des Thomanerchores. Von Anfang an konnten auch Nichtsänger/innen an dieser besonderen schulischen Bildung teilhaben. Im Zentrum der Schule stand und steht aber der Chor.

[...] Denn wir setzen das um, was landauf, landab gefordert wird: mehr für die musische und kulturelle Bildung von Kindern und Jugendlichen zu tun. Vor diesem Hintergrund ist es für uns sehr schmerzlich und unverständlich, dass die derzeitige Schulleitung der Thomasschule die Entwicklung des *forum thomanum* nicht als Chance nutzt, sondern eher als Bedrohung empfindet und entsprechend abwehrend handelt. [...] Wenn in einem Presseorgan gestern von »zerrütteter Ehe« zwischen Schulleitung und Thomanerchor gesprochen wurde, so ist dies Bild falsch. Denn wir leben zumindest in einem Dreiecksverhältnis: Die Thomaskirche gehört zur Trias notwendig dazu. Noch nie war das Verhältnis zwischen Thomaskirche und Thomanerchor aber so gut und produktiv wie in den vergangenen 15 Jahren. Das liegt auch daran, dass wir uns in den Zielen einig sind bzw. im *forum thomanum* eine Basis für das gemeinsame Wirken gefunden haben. Leider hält sich die Schulleitung der Thomasschule hier mehr als zurück. [...] Es reicht eben nicht, verbal zu sagen, man sei für das forum thomanum, faktisch wird aber die Arbeit am Projekt eher behindert als gefördert. Der Geist stimmt also nicht. Es fehlt der Geist, der der Schwachheit aufhilft – also der Geist, der einen angstfreien Diskurs ermöglicht. In diesem Zusammenhang ist die umstrittene Bemerkung von Thomaskantor Biller zu verstehen. Er hat auf ein Defizit hingewiesen: die freie, diskursive Auseinandersetzung um die Positionierung der Thomasschule im *forum thomanum*. Wir müssen aber darauf dringen, dass die Thomasschule ihr pädagogisches Konzept und ihren Bildungskanon ausrichtet auf das Zentrum der Schule und des forum thomanum: den Thomanerchor, also auf 100 Kinder und Jugendliche, die der besonderen Förderung und Ausbildung bedürfen. [...] Wir müssen schon jetzt damit beginnen, dass die Thomasschule eine besondere, herausragende Schule wird mit einem einzigartigen Profil. Diese Ausstrahlung ergibt sich nicht allein aus Durchschnittsnoten, sondern vor allem aus der geistigen und geistlichen Strahlkraft der Schule und des forum thomanum. Darum brauchen wir Spielraum und ganz viel Engagement. [...] Denn unser Ziel ist es, die Schülerinnen und Schüler durch qualifizierte Ausbildung auf das Abitur und damit auf die Erlangung der Hochschulreife vorzubereiten und durch das Besondere der Thomana das Fundament für das zu legen, was unsere Gesellschaft dringend braucht: kulturell gebildete, religiös gebundene, sozial handelnde und demokratisch gesinnte Menschen.

An den Problemen zwischen Thomasschule und *forum thomanum* hat sich seit dieser Debatte Erhebliches geändert – nicht zuletzt deshalb, weil durch die weitere Entwicklung des Campus forum thomanum das Projekt unumkehrbar geworden ist. Auch hat die »normative Kraft des Faktischen« dazu geführt, dass die Thomasschule ihr musisches Profil ausgebaut hat und nunmehr über einen exzellenten Schulchor und ein ebensolches Schulorchester verfügt. So befindet sich die Thomasschule auf dem Weg in die Realität: Sie ist Teil des *Campus forum thomanum* in einem wachsenden Ensemble von Kita und Grundschule sowie der geplanten Mittelschule und Jugendmusikakademie.

Selbst wenn das Konfliktgemenge zunächst nicht gerade förderlich war für ein visionäres Projekt und manche unnötige Hürde bei der Suche nach Unterstützern produziert hat, so haben doch die geschilderten Probleme die Entwicklung des *forum thomanum* nicht aufhalten können und vielleicht sogar befördert: Seit Mitte 2008 kann die *villa thomana* genutzt werden und die Kindertagesstätte des *forum thomanum* wurde im Juni 2008 eröffnet. Außerdem fasste der Stadtrat am 18. Juni 2008 einen Grundsatzbeschluss, mit dem sich die Stadt Leipzig zum *forum thomanum* bekennt – eine Voraussetzung dafür, dass die Stadt Leipzig den *Verein forum thomanum* institutionell fördern kann. Dem einstimmigen Grundsatzbeschluss des Stadtrates lag eine Machbarkeitsstudie zugrunde, die im Jahr 2007 von der Unternehmensberatungsgesellschaft McKinsey & Company im Rahmen einer Pro-bono-Studie erstellt wurde. In diesem Zusammenhang wurde auch die grundlegende Erneuerung des Alumnats beschlossen, die inzwischen in vollem Gange ist. Für die Chorknaben wurde auf dem *Campus forum thomanum* ein Interim in Systembauweise geschaffen. Auch das wurde nur möglich durch das Zusammenwirken der Stadt Leipzig, der Kirchgemeinde St. Thomas und des *forum thomanum Leipzig e. V.*

Infolge dieses Grundsatzbeschlusses konnte die Geschäftsstelle des *forum thomanum* personell erweitert werden. Seit 2009 arbeitet ein hauptamtlicher Geschäftsführer für das *forum thomanum* – eine Grundvoraussetzung für die Professionalisierung der

Arbeit und für mich eine wesentliche Entlastung. Dies wurde zum einen ermöglicht durch eine institutionelle Förderung der Stadt Leipzig, zum andern durch die insgesamt erfolgreiche Spendenakquise des *forum thomanum Leipzig e.V.*, dem es gelungen ist, seit seinem Bestehen Spenden in Höhe von über 1,4 Millionen Euro beizubringen. Zusätzlich konnte das Bildungsprojekt *forum thomanum* mit der Gründung einer Grundschule weiterentwickelt werden. Die Grundschule in freier Trägerschaft wurde zu Beginn des Schuljahres 2010/11 eröffnet und nimmt die drei Profile der Kindertagesstätte – Religion, Musik und Sprachen – auf und führt sie fort. Diese Grundschule wird nach dem Umzug des Thomanerchors in das renovierte Alumnat auf dem Campus forum thomanum neu gebaut werden. Allerdings ist durch die radikale Benachteiligung von freien Schulen durch die sächsische Landesregierung die beabsichtigte und eigentlich notwendige Gründung einer Mittelschule in weite Ferne gerückt. Sie sollte ermöglichen, dass Thomaner, die den gymnasialen Anforderungen (noch) nicht gerecht werden, auf die Mittelschule wechseln können, ohne den Chor verlassen zu müssen. Gleichzeitig sollte modellhaft eine die Mittelschule begleitende Berufsausbildung – zum Beispiel im Instrumentenbau – ermöglicht werden. Immer wieder stoßen wir mit innovativen Ideen an die Grenzen einer Schullandschaft, die nach wie vor mit fast panischer Angst und entsprechenden Abwehrreflexen auf Ansätze einer Gesamtschule reagiert. Viel zu wenig wird bedacht, dass der Elitegedanke eben nicht auf eine Schulform – das Gymnasium – beschränkt werden darf, sondern auch in den Bildungsbereichen greifen muss, die noch immer der gesellschaftlichen und schulischen »Abstiegszone« zugeordnet werden – wie die Mittelschule oder in anderen Bundesländern die Hauptschule. Das Bildungsprojekt *forum thomanum* schreit aber geradezu nach gesamtschulischer Ganzheitlichkeit – nicht um Bildungsanforderungen einzuebnen, sondern um den Reichtum der Tradition für viele nutzbar zu machen und auch dadurch soziale Barrieren zu überwinden. Auch hier wird deutlich, dass sich die Pflege einer 800-jährigen Tradition und reformpädagogische Ansätze nicht widersprechen, sondern eher bedingen. Das wird sich im Fortgang des Projektes sicher bestätigen.

Das Bildungsprojekt *forum thomanum* wird im Jubiläumsjahr 2012 nicht vollendet sein. Es fehlen der Neubau der Grundschule auf dem Campus, die Eröffnung der Mittelschule, die dringend erforderliche Sporthalle, die Jugendmusikakademie sowie die grundlegende Renovierung und Umgestaltung der Lutherkirche. Dazu müssen noch erhebliche finanzielle Quellen erschlossen werden. Für die Lutherkirche haben wir das »Projekt Lutherkirche 2017« ausgerufen, um die notwendigen sechs Mio Euro zu akquirieren und die Lutherkirche bis zum Reformationsjubiläum 2017 umgestaltet zu haben. Insgesamt grenzt es an ein Wunder, dass wir in den vergangenen zehn Jahren so weit gekommen sind und über gute Perspektiven für die noch ausstehenden Projekte verfügen. Darum soll noch einmal zusammengefasst werden, worum es beim Aufbau des Bildungscampus *forum thomanum* inhaltlich geht: Der Thomanerchor muss auch dadurch gestärkt werden, dass die Tradition der THOMANA gepflegt und viele Kinder und Jugendliche im Rahmen ihrer Entwicklung und Bildung an diesem kulturellen Erbe teilhaben können. So kann sich Leipzig weiterhin weltweit als *die* Bach-Stadt profilieren.

Natürlich ist ein solches Bildungsprojekt etwas Besonderes, Herausgehobenes, Außergewöhnliches – und in diesem Sinn auch elitär. Aber das ist nicht nur dem geschuldet, dass dies der Bildung von Kindern und Jugendlichen dient – es ist auch dem Gegenstand angemessen. Schließlich können Thomaskirche, Thomanerchor und Thomasschule auf ihr 800-jähriges Bestehen zurückblicken: drei Institutionen, die trotz aller historischen Brüche bis zum heutigen Tage ihren ursprünglichen Aufgaben gerecht zu werden versuchen: Glauben zu leben, Musik und Kultur zu gestalten, Menschen zu bilden. Nun wurden der Trias Thomaskirche, Thomanerchor und Thomasschule in der Geschichte zwei Geschenke bereitet, die sich heute als Säulen der Tradition und damit als zukunftsträchtig erweisen: Zum einen hat die Reformation die Kirchenmusik als Mittel der Verkündigung und den Gemeindegesang als eine Art Demokratisierung der Liturgie hervorgebracht. Das gesungene Wort Gottes erwies sich vor allem im 30-Jährigen Krieg als Überlebensration in einer kulturell und ethisch verwilderten und von Elend zerrütteten Welt. Außerdem hat die Reformation zwei Bereiche untrennbar miteinander verbunden: Glaube und Bildung. Diese Verbindung ist einer der Grundpfeiler der Thomana bis heute. Und ebenso hat mit der Reformation die Stadt Leipzig eine wesentliche Verantwortung für die Trias der Thomana übernommen, die bis zum heutigen Tag anhält und weiter gepflegt werden muss. Zum anderen ist das Thomaskantorat von Johann Sebastian Bach in der Zeit von 1723–1750 von großer Bedeutung. Bach, ganz in der lutherisch geprägten Glaubenstradition verwurzelt, wollte mit seiner Musik die Grenzen des Diesseits überschreiten: das Universum erschließen, der Herrlichkeit Gottes nahekommen und so zu »Gottes Ehre und Recreation des Gemüths« beitragen. Dazu nutzte er alle in der Schöpfung angelegten Möglichkeiten, verstand sich nicht nur als Musiker, sondern auch als Gelehrter. Darin liegt das Geheimnis begründet, warum die Musik Bachs auch von Menschen verstanden werden kann, die weder in der lutherischen Glaubenstradition zu Hause sind noch zur Kirche eine Beziehung haben. Denn in dieser Musik geht es um Gott und den Menschen, um Höhen und Tiefen (nicht nur der Töne), um universale Weite und um die Grenzen des menschlichen Lebens.

Mit dem *forum thomanum* werden diese großen Traditionen verbunden mit einem ganzheitlich angelegten Bildungsprojekt für Kinder und Jugendliche, basierend auf der Trias von Thomaskirche, Thomanerchor, Thomasschule und ihren drei Säulen: glauben – singen – lernen. Das Einmalige daran ist, dass ein Ort, an dem sich seit 800 Jahren die *musica sacra* entwickelt und alle historischen Brüche überlebt hat, immer wieder neu und lebendig gestaltet wird und dabei in den europäischen, multikulturellen und multireligiösen Kontext gestellt und für Menschen aus aller Welt zugänglich erhalten wird. An jedem Wochenende können dann sowohl die Bürger Leipzigs wie die Besucher aus dem In- und Ausland in der Thomaskirche hören, welch wunderbaren Ertrag diese Bildung mit sich bringt und von welchen Werten sie getragen wird.

Glauben, singen, lernen

Ansprache bei der Reformationsmotette
am 31. Oktober 2011

Martin Luther und die Musik – das ist eine besondere, sehr ertragreiche Beziehung. Denn mit der Reformation erhielt die gottesdienstliche Musik eine neue Funktion. »Die Noten machen den Text lebendig (und) aller Geist der Traurigkeit entflieht«, sagt Luther in einer seiner vielen Tischreden und weist damit auf den Verkündigungscharakter der Musik hin: Sie soll beseelt und mit Leidenschaft den Glauben stärken, das Gewissen schärfen und das Lob Gottes mehren. Das allerdings ist nur möglich, wenn an der Musik alle beteiligt sind. Darum zog mit der Reformation die Musik aus dem Chorraum ins Kirchenschiff. Symbolisch sichtbar wird das heute dadurch, dass der Thomanerchor von der Stelle aus singt, an der bis 1539 der Lettner Altarraum und Langhaus trennte. Die Liturgie wurde demokratisiert und der Gemeindegesang hörbarer Ausdruck des Priestertums aller Gläubigen – und ähnlich wie damals im Tempel führt eine solche Musik zu einer gegenwärtigen Gotteserfahrung, die keiner Erklärung mehr bedarf.

Kein Wunder, dass Luther von dem Wunsch beseelt war: Die Musik und das gemeinsame Singen der Lieder mögen zur Freude beitragen und den Gottesdienst von purer Strenge befreien. In der Vorrede zum Gesangbuch von Valentin Babst, das Luther »sehr lustig zugericht« empfand, schreibt er 1545:

> Gott gebe, dass damit dem Römischen Papst, der nichts denn Heulen, Trauern und Leid in aller Welt hat angericht durch seine verdammte unträgliche und leidige Gesetze, großer Abbruch und Schaden geschehe.

Ja, das Gute des Glaubens soll mit Lust eingehen in die Herzen und Sinne der Menschen. Luther hatte ein feines Gespür dafür, die Musik einzusetzen, um die Reform des Gottesdienstes und der Bildung voranzutreiben. Denn er wusste, dass die Musik noch ganz andere Verstehensräume öffnet, um insbesondere den Jugendlichen einen neuen Zugang zur biblischen Botschaft zu verschaffen. Mit der Deutschen Messe und dem Gemeindechoral hat Luther neue Beteiligung ermöglicht mit dem einen Ziel: Die Menschen sollen spüren, was sie dem Schöpfer verdanken. Darum ist der gemeinsame Gesang auch in der Vielfalt des mehrstimmigen Chorals für den Protestantismus konstitutiv. Durch das aktive Singen wird jeder Gesang zum »neuen Lied«.

Darüber hinaus gehört Luther zu denen, die auch ohne Hirnforschung wussten, dass die Musik eine Säule für die Bildung des Menschen darstellt. »Wer die Musik versteht, ist von guter Art. Man muss die Musik notwendig in der Schule behalten. Ein Schulmeister muss singen können, sonst sehe ich ihn nicht an. Und ein junger Mensch, ehe er zum Predigtamt ordiniert wird, übe sich im Singen, solange er in der Schule ist« – so Luther in den 30er Jahren des 16. Jahrhunderts. Wenn heute Programme aufgelegt werden wie »Jedem Kind ein Instrument« oder »Singt euch ein«, dann wird damit an eine Erkenntnis Luthers angeknüpft: »Musika ist eine halbe Disziplin und Zuchtmeisterin, so die Leute gelinder und sanftmütiger, sittsamer und vernünftiger macht.«

Musik formt den Charakter und bildet den Verstand. Nicht von ungefähr hat der kongeniale Mitarbeiter Luthers, Philipp Melanchthon, in seinem Curriculum für die dreiklassige Lateinschule dem Üben der Musik in allen drei Stufen ein besonderes Gewicht beigemessen – die Musik als der Kontrapunkt der Bildung.

Leider sind wir heute meilenweit davon entfernt, dass Musik einen solch hohen Stellenwert im Erziehungs- und Schulalltag erfährt. Noch immer wird die musische Bildung als im Zweifelsfall entbehrlich angesehen und gegenüber der reinen Wissensvermittlung deutlich abgestuft. Wer ein Instrument gekonnter spielen kann, als er seine Matheaufgaben zu lösen vermag, der hat auf jeden Fall größere Schulprobleme als umgekehrt. Dabei schädigt der Mangel an kultureller Bildung in der Schule die Persönlichkeit eines jungen Menschen nachhaltig – was langfristig betrachtet teuer für eine Gesellschaft wird. Martin Luther bedachte schon in einer seiner Tischreden die Folgen kultureller, musischer Vernachlässigung:

Könige und Fürsten müssen die Musik erhalten. Aufgabe der Monarchen ist, die Künste und die Gesetze zu erhalten; Privatleute können dieselben nicht erhalten, auch wenn sie die lieben. Herzog Georg, der Landgraf von Hessen und unser Kurfürst Friedrich haben sich eine Musik gehalten, ja auch der Kaiser, Ferdinand, die Bayern. Darum heißt es von David: »Er schaffte sich Sänger und Sängerinnen.«

Die Pflege der Kultur ist nach Luther eine öffentliche Aufgabe von höchster Priorität. Sie darf nicht irgendwelchen Privatpersonen überlassen bleiben. Kulturetats der Städte, der Länder, des Bundes sind keine Wiesen, auf denen von Finanzministern fehlende Euros abgegrast werden können. Denn – und darauf macht Luther aufmerksam – eine gute Kulturpolitik hat ganz wesentliche Auswirkungen auf die soziale Situation der Menschen.

Das ist auch der Ansatz für das musikalische Bildungsprojekt *forum thomanum,* mit dem wir die allgemeine Schulausbildung einbetten in die reiche musikalische und Glaubenstradition der THOMANA und damit die drei Dinge miteinander verbinden, für die Thomaskirche, Thomanerchor, Thomasschule stehen: glauben – singen – lernen. Und spätestens hier merken wir, wie Recht Luther und in seinem Gefolge

Heinrich Schütz und Johann Sebastian Bach haben, wenn sie Text und Noten aufeinander beziehen. Denn wenn man sich fragt, was den Wert der Tradition der THOMANA ausmacht, warum sich die Musik über alle Brüche hinweg erhalten hat, wenn wir also fragen, wie es sein kann, dass drei Institutionen den 30-Jährigen Krieg, das Dritte Reich und die Zeit von Diktatur und Bevormundung in der DDR überstanden haben, dann gibt es nur die eine Antwort: Es ist der Text unter den Noten, der die gesellschaftlichen und politischen Veränderungen überdauern konnte und bis zum heutigen Tag das Kontinuum schafft: der Glaube in der jüdisch-christlichen Tradition und die mit der Botschaft Jesu verbundenen Werte. Sie sind vor allem durch die Musik abrufbar geblieben. Es ist das Vertrauen auf den einen Gott, der alles Leben hält und trägt. Da, wo die Musik von diesem Vertrauen und von der Botschaft Jesu durchdrungen ist, trägt sie zur Erneuerung der Sinne, zur Reformation bei.

Wenn wir heute Wert darauf legen, dass aus Schulen und Universitäten mehr Menschen mit religiöser Bindung, kultureller Bildung, demokratischer Gesinnung und sozialer Kompetenz hervorgehen (und das sollte Konsens in der Bildungspolitik sein), dann müssen wir viel, sehr viel für die Musik und ihren geistlichen Inhalt tun – und das durchaus im Sinne Luthers:

Ich liebe die Musik ... 1. weil sie Gabe Gottes und nicht der Menschen ist; 2. weil sie die Seelen fröhlich macht, 3. weil sie den Teufel vertreibt; 4. weil sie unschuldige Freude macht. Dabei vergehen Zorn, Begierden, Hochmut. ... 5. weil sie in der Friedenszeit herrscht ... Ich lobe die Fürsten Bayerns deshalb, weil sie die Musik pflegen. Bei uns Sachsen werden Waffen und Bombarden gepredigt.

Da sollten nicht nur die Sachsen in diesem Punkt den Bayern folgen, sich durch die Musik in die Verantwortung für ein friedliches Miteinander rufen zu lassen, um dadurch das Wesentliche des Glaubens in den Blick zu bekommen. Amen.

Universitätskirche – oder die Mär von der wertfreien Wissenschaft

Es gibt Wunden in einer Stadt, die heilen nie. Dazu gehört auch die 1968 gesprengte Universitätskirche St. Pauli – 1545 von Martin Luther geweiht, im 2. Weltkrieg nicht zerstört, zum Zeitpunkt der Sprengung voll funktionsfähig. Aber sie passte nicht ins Bild des sozialistischen Städtebaus. Also musste »das Ding« weg, wie Walter Ulbricht vom Balkon der Leipziger Oper 1960 ausgerufen haben soll. Nirgendwo war und ist die Sprengung so präsent wie in der Thomaskirche, dem Gründungsort der zweitältesten Universität Deutschlands (2. Dezember 1409). Denn seit 1993 steht im Chorraum der spätgotische Pauliner-Altar aus der Universitätskirche, der kurz vor der Sprengung von den Denkmalspflegern gerettet wurde und dann im Dimitroff-Museum, im heutigen Bundesverwaltungsgericht, lagerte. Am Pfingstsonntag 1993 wurde der sorgfältig restaurierte Altar, eine Leihgabe der Universität Leipzig, geweiht – für mich ein herausragendes Ereignis. Seitdem erinnert der Pauliner-Altar in der Thomaskirche an den barbarischen Zerstörungsakt der Kommunisten am 30. Mai 1968 und gleichzeitig mahnt er uns, dass Gesellschaften, die die Zerstörung von Synagogen, Kirchen oder

Moscheen betreiben oder auch nur zulassen, keine Zukunft haben.

Als zu Beginn der 90er Jahre in Dresden die Initiative zum Wiederaufbau der Frauenkirche gestartet wurde, rief das auch in Leipzig Menschen auf den Plan, den Wiederaufbau der Universitätskirche St. Pauli zu fordern. Sie sammelten sich im Paulinerverein. Ich selbst habe mich bei diesem Thema zunächst sehr zurückgehalten. Zum einen war ich der Meinung, dass wir in Leipzig keine neue Kirche benötigen und die Nikolaikirche sich als Universitätskirche profilieren sollte. Das würde ihr langfristig auch eine Finanzierungsmöglichkeit eröffnen. Zum andern stand ich dem Wiederaufbau der Frauenkirche sehr skeptisch gegenüber, weil ich grundsätzlich der Meinung bin, dass man Geschichte nicht im Nachhinein korrigieren kann. Im Jahr 2001 wurde ich dann von Prof. Dr. Dietrich Koch, einem der Akteure im Paulinerverein, aufgefordert, mich doch für den Wiederaufbau aktiv einzusetzen. Ich lehnte das damals ab, weil ich die inhaltliche Ausrichtung des Paulinervereins kritisch sah. Sie ließ keinen Raum für andere Lösungen als den originalgetreuen Wiederaufbau und unterstellte (zumindest Koch tat das) denen, die sich für eine Unikirche in neuer Architektur einsetzten, die Zerstörung nachträglich zu rechtfertigen. Hinzu kam meine Überzeugung: Wenn ein zerstörtes Gotteshaus in Leipzig wieder aufgebaut werden muss, dann als Erstes die 1938 von den Nazis zerstörte Hauptsynagoge in der Gottschedstraße. Ich gebe heute allerdings unumwunden zu, dass mir vor zehn Jahren die Dimension der Auseinandersetzung und die Bedeutung der Sprengung der Universitätskirche nicht wirklich bewusst waren. 1968 West war eben doch etwas ganz anderes als 1968 Ost. Hier markierte das Jahr 1968 den absoluten Tiefpunkt in der Entwicklung der DDR. Es kam nicht nur zur Sprengung der Leipziger Universitätskirche, sondern wenig später auch zum Einmarsch der Truppen des Warschauer Pakts in die damalige ČSSR.

Im Jahr 2007 änderte sich für mich die Sache grundsätzlich. Am 22. Januar 2007 ließ der Kanzler der Universität Leipzig, Frank Nolden, in der Leipziger Volkszeitung gezielt seine Äußerung lancieren, die er anlässlich eines monatlichen Treffens von Menschen in sog. Führungspositionen getätigt hatte: »Die Universität baut eine Aula und keine Kirche.« Das war zu einem Zeitpunkt, als der Abriss des 1972 neu gebauten Universitätscampus am Augustusplatz in vollem Gange und der Neubau nach den Entwürfen des Architekten Erick van Egeraat beschlossene Sache war. Zu diesem Entwurf gehörte auch der Neubau der Universitätskirche St. Pauli als Aula, Gottesdienststätte und Raum für die Universitätsmusik. Dabei zitiert die großartige Architektur nicht nur die zerstörte Universitätskirche, auch im Innern schuf van Egeraat einen Kirchenraum, der auf Wunsch der Universitätsleitung durch eine Glaswand in einen »Andachtsraum« (Chorraum) und eine Aula getrennt werden sollte. Die bewusste Verleugnung des Kirchencharakters des Neubaus durch den Kanzler der Universität, unterstützt vom damaligen Rektor Franz Häuser, rief mich auf den Plan. Denn mir wurde schlagartig bewusst, dass es jetzt nicht mehr um eine Gestaltungsfrage ging. Vielmehr stand eine grundsätzliche politische Auseinandersetzung um die Funktion eines geistlichen Zentrums im Wissenschaftsbetrieb des 21. Jahrhunderts an. Im Januar 2007 bewegte ich den Innenstadtkonvent dazu, sich öffentlich zu dieser Äußerung des Kanzlers zu positionieren – was durch unseren Sprecher, meinen damaligen Kollegen an der Thomaskirche Pfarrer Dr. Peter Amberg, dann auch geschah. In unserer Erklärung, mit der eine bis heute andauernde Debatte neu entfacht wurde, hieß es:

Gegen diesen Versuch, die Kirche als Ort, an dem die Wahrheitsfrage aufgeworfen wird, in der Universität erneut zu marginalisieren, erheben wir Protest. Wir erinnern an Albert Einstein, der den Zusammenhang von Religion und Wissenschaft deutlich aufgezeigt hat: »Wissenschaft ohne Religion ist lahm, Religion ohne Wissenschaft ist blind.« Ein Wissenschaftsbetrieb, der meint, auf die Frage nach Gott verzichten zu können, verleugnet seine Wurzeln und wird anfällig für ideologische Vereinnahmungen. Religions-, Meinungs- und auch Wissenschaftsfreiheit setzen voraus, dass es Glauben,

Überzeugungen, wissenschaftliche Ergebnisse gibt, die sich frei entfalten können. Deswegen braucht die Universität Leipzig ein geistliches Zentrum, das sowohl ihrer eigenen Tradition gerecht wird als auch der Universität und ihren Mitgliedern in einer multireligiösen und multikulturellen Gesellschaft ermöglicht, alle ungeklärten Fragen vor Gott zu tragen. Dieses Zentrum soll – wie in der Vergangenheit – als Gottesdienststätte und als Aula genutzt werden. Und es sollte – gerade weil es die Universitätskirche nicht mehr gibt – Universitäts- oder auch Paulinerkirche heißen. In dieser Kirche sollte beides möglich sein: dass der sog. Andachtsraum als Teil der Aula und die Aula als Teil der Gottesdienststätte genutzt werden kann.

Im April 2007 kam es zu einer ersten großen Podiumsdiskussion im Gemeindesaal der Thomaskirche, an der neben dem Dekan der Theologischen Fakultät Rüdiger Lux und dem 1. Universitätsprediger Martin Petzoldt auch der Rektor der Universität Leipzig Franz Häuser und ich selbst teilnahmen. Deutlich wurde, dass die Universitätsleitung bemüht war, sich mit dem Neubau vom Skandal der Sprengung zu verabschieden. Womit aber offensichtlich die Universitätsleitung und viele Universitätsangehörige nicht gerechnet hatten, war, dass aus dem Bereich der Kirche die Frage der Universitätskirche zu einem Politikum erklärt wurde. Denn die Frage lautete ja nicht: Brauchen wir als Kirche diese Kirche? Da war die Antwort unmissverständlich: Nein. Die Frage musste lauten:

Braucht die Universität dieses geistliche Zentrum? Sich aber dazu zu äußern, fiel und fällt der Universität schwer, weil sie meinte, die ganze Fragestellung ablehnen zu können. Doch die Universitätsleitung wurde nicht von innen kritisiert, sondern von außen. Die Universität selbst hat nach 2004 nicht eine öffentliche Veranstaltung zur Universitätskirche organisiert. Das haben Einzelpersonen, Kirchgemeinden und der Paulinerverein getan, was die Universität dazu veranlasste, diese Einmischung aus Kirche und Bürgerschaft als unzulässig zu erklären.

Für mich als bekennenden Alt-68er war es in der Folgezeit höchst peinlich und befremdlich zu sehen, dass viele der größtenteils aus Westdeutschland stammenden Ordinarien genau die Haltung an den Tag legten, gegen die wir vor 40 Jahren Sturm gelaufen waren und die sich als kompatibel mit dem Geist aus DDR-Zeiten erwies: zu meinen, es gebe eine wertfreie Wissenschaft, die sich über ihre geistigen Wurzeln, Traditionen und gesellschaftliche Verantwortung keine Rechenschaft geben müsse. Der neutralistische Säkularismus, der da sichtbar wurde, war – und ist – die Kehrseite eines nach wie vor angepassten Wissenschaftsbetriebs, der in dieser Frage unterstützt wird von einer erschreckend indifferenten Studierendenschaft. Selbst die Studierenden der Theologischen Fakultät interessierten sich – von Ausnahmen abgesehen – kaum für den Streit um die Universitätskirche.

Dabei zeigte die Debatte, dass Schweigen nur bedeutet, ahnungs-, meinungs- und tatenlos zuzuschauen, wie der Ast abgesägt wird, auf dem man sitzt. Denn im Ergebnis waren die Gründe, die gegen die Universitätskirche vorgebracht wurden, die gleichen, mit denen man für die Abschaffung der Theologischen Fakultäten eintreten könnte.

Nach der erwähnten Podiumsdiskussion fuhr mich Rektor Häuser an: »Wenn ich könnte, würde ich Sie anzeigen.« Warum, war mir nicht klar. Nur weil ich es wagte, seiner Magnifizenz zu widersprechen? Ich deutete diesen Ausbruch eher als Ausdruck von argumentativer Hilflosigkeit, die sich wie ein roter Faden durch die universitären Stellungnahmen zieht. Mit einem versöhnlichen Brief an Rektor Häuser, den ich auf Bitten von Martin Petzoldt schrieb, versuchte ich die Wogen zu glätten. Doch das blieb ohne jede Resonanz. Für Häuser und die Universitätsleitung war ich Persona non grata. Immerhin – nach der Debatte im April 2007 erschien auf dem Bauschild am Augustusplatz das Wort »Kirche«. Im Januar 2008 kam es dann zu einer vom Paulinerverein veranstalteten Podiumsdiskussion im Zeitgeschichtlichen Forum über die politischen Folgen der Sprengung, auf der Rektor Häuser und ich wieder aneinandergerieten. Ich konnte und wollte nicht zulassen, dass an diesem Abend der Streit um die neue Universitätskirche nur akademisch abgehandelt wird. Und darum wich ich von Anfang an, so wie ich das aus Heidelberg gewohnt war, der Konfrontation nicht aus. Das hat damals einige erschreckt, vielleicht aber auch aufgeschreckt – zumal es immer eine Gratwanderung ist, als Pfarrer in einem Streit eindeutig Position zu beziehen. Mir ging es vor allem darum aufzuzeigen, dass die Universität sich nicht ständig als Opfer gerieren könne. Es war mehr als verräterisch, dass der Kunsthistoriker Frank Zöllner in Sachen neue Universitätskirche vom »Sühnebau« sprach, um sich auf diese Weise in eine Opferrolle begeben zu können. Als ob es eine Strafe für die Universität sei, dass auf ihrem Campus an alter Stelle die neue Universitätskirche St. Pauli entsteht! Vor allem spricht gegen die Opferrolle, dass die Universität schon 1959, also vor dem Ausspruch Ulbrichts, den Abriss der Universitätskirche gefordert hat. Und 1968 haben alle bis auf den Dekan der Theologischen Fakultät Ernst-Heinz Amberg der Sprengung zugestimmt. Damals wurde der Universität nichts übergestülpt. Sie war nicht Opfer politischer Willkür. Sie hat nicht nur zu einer Schandtat geschwiegen, sie hat diese gewollt. Und auch 1989 hatte die Universität Leipzig zunächst wenig mit der Friedlichen Revolution zu tun. Am 9. Oktober 1989 ließ der damalige Rektor Horst Hennig die Universität am Augustusplatz verrammeln, weil man ja nicht wissen könne, »was der Mob von der Straße so alles treiben« würde. – Bei dieser Aussage war ich Ohrenzeuge, nicht 1989, sondern beim »Überparteilichen Gespräch« im Oktober 1992, als wir uns gegenseitig erzählten, wie wir den 9. Oktober 1989 erlebt haben. – Und eine solche Universität meint nun, sie benötige die kritische Auseinandersetzung zwischen Glaube und Wissen nicht, um ihrer gesellschaftlichen Verantwortung und der Frage, in welchem Werterahmen sie junge Menschen zu Führungskräften der Gesellschaft ausbildet, gerecht zu werden.

Kurz nach der Podiumsdiskussion verständigten sich Landesbischof Jochen Bohl, Superintendent Martin Henker, der Dekan der Theologischen Fakultät Rüdiger Lux, der 1. Universitätsprediger Martin Petzoldt und ich uns auf drei Forderungen: Name »Universitätskirche St. Pauli«, keine Glaswand, Aufstellen der historischen Kanzel. Bis zum 40. Jahrestag der Sprengung am 30. Mai 2008 sollte dafür eine Kampagne (genau dieses Wort fiel) geführt werden. Mir war klar, was das heißt: sich auf dieses Thema konzentrieren und es überall, insbesondere in Gottesdiensten und Motetten in der Thomaskirche, zur Sprache zu bringen und entsprechende Aktionen zu planen. Parallel dazu regte der damalige Regierungspräsident Walter Christian Steinbach an, ein »Aktionsbündnis Neue Universitätskirche St. Pauli« zu gründen, um insbesondere im Bürgertum Leipzigs für die angestammte Dreifachnutzung der Universitätskirche zu werben: gottesdienstlich, akademisch, musikalisch. Diesem

Aktionsbündnis gehörten auch Nichtchristen wie der damalige Bundestagsabgeordnete Gunter Weißgerber an, und es wurde unterstützt von einem der schärfsten Kritiker der Universität, dem Schriftsteller Erich Loest, einem überzeugten Atheisten.

Im April 2008 lud ich alle Professoren, die ich irgendwie kannte, zu einem Gespräch ins Thomashaus ein. Das waren ca. 80 und es kamen knapp 40. Die Diskussion mit ihnen lief ganz anders als die mit der Universitätsleitung. Aber wirklich klar positioniert hat sich bis auf die Mathematiker um den jetzigen Prorektor der Universität Leipzig Matthias Schwarz niemand – was sehr viel aussagt über das politische Bewusstsein an deutschen Universitäten. Und dann kam der 30. Mai 2008. Nach dem Gedenkgottesdienst in der Nikolaikirche fand eine Kundgebung auf dem Augustusplatz statt – und während der Reden gingen die Bauarbeiten weiter. Nicht einmal so viel Respekt brachte die Universitätsleitung auf! Stattdessen versuchte sie, die Defensive, in die sie geraten war, dadurch zu überwinden, dass sie eine Resolution auf ihre Homepage stellen ließ, die jeder Universitätsangehörige unterschreiben konnte/sollte und in der vor allem beklagt wurde, dass eine »durch nichts legitimierte Minderheit« versuche, die Mehrheitsbeschlüsse universitärer Gremien und ihre Autonomie zu missachten. Nun war aber die Universitätskirche nie nur ein Gebäude der Universität. Sie war immer ein Ort der freien Kommunikation und des Glaubens für Universität und Stadt. Und als ein solcher Ort wurde sie 1968 gewaltsam beseitigt. Darum ist – unabhängig von den Entscheidungskompetenzen – das äußere und innere »Wie« der Universitätskirche eine Angelegenheit, die alle Bürgerinnen und Bürger angeht. Doch da fühlten sich die Professoren in ihrem Elfenbeinturm gestört. Kein Wunder, dass die Universität es mit der Meinungsfreiheit nicht mehr so genau nahm. Auf der genannten Homepage der Universität gab es jedenfalls keine Möglichkeit, zum Ausdruck zu bringen, dass man der Resolution nicht zustimmt. Doch auch das nutzte nichts. Es war zu offensichtlich, dass die Universität den Argumenten der Befürworter kaum etwas entgegensetzen konnte. Wie sonst ist zu erklären, dass in der Sonderbeilage der Leipziger Volkszeitung zum Richtfest des neuen Campus im Oktober 2008 auf 16 Seiten versucht wurde, den Kritikern entgegenzutreten und so eine Debatte um die Universitätskirche und ihre Funktion abzuwehren. Doch alle Themen, die in der Auseinandersetzung aufgebrochen waren, erweisen sich der intensiven Diskussion würdig: das Verhältnis von Staat und Kirche, der kritische Diskurs von Glaube und Vernunft, die Autonomie der Universität und ihre gesellschaftliche Verantwortung, die sog. Wertfreiheit der Wissenschaft, die angebliche weltanschauliche Neutralität von öffentlichen Bildungseinrichtungen, die Freiheit von Forschung und Lehre und ihr Beitrag zur Wertebildung in der Gesellschaft sowie der Beitrag der Christen in einer atheistischen Gesellschaft. Gerade Letzteres löst besondere Kontroversen aus, weil man offensichtlich verdrängen möchte, welche Bedeutung die Kirchen am Ende der 80er Jahre für die Friedliche Revolution hatten. Für all das wäre die neue Universitätskirche ein hervorragendes Forum.

Eine besondere Provokation in den Augen der Universität Leipzig stellte die folgende Aktion in der Thomaskirche dar, zu der man wissen muss: Wenige Wochen nach der Sprengung gelang es im Juli 1968 einigen Studierenden der Universität, während des Abschlusskonzertes beim Bachwettbewerb in der Kongresshalle am Zoo vor der gesamten Staatsführung der DDR ein Banner zu entrollen mit der Aufschrift »Wir fordern Wiederaufbau«. Das war eine äußerst mutige und höchst gefährliche Aktion, die einige der Beteiligten mit Gefängnis bezahlen mussten. Nun fand 40 Jahre später im Juli 2008 das Abschlusskonzert des Bachwettbewerbs in der Thomaskirche statt. Was lag da näher, als wieder ein Plakat zu entrollen? Es trug nun die Aufschrift: »Die neue Universitätskirche muss Universitätskirche St. Pauli heißen«. Natürlich kann man eine solche Aktion nicht starten, wenn man vorher alle Gremien um Genehmigung fragt. Da muss die »Strategie der begrenzten Regelverletzung« greifen. So habe ich die Aktion auf meine

Kappe genommen. Und nun hing das große Banner von der Westempore bis kurz vor Weihnachten 2008 in der Thomaskirche – und jedermann konnte, ja musste sich damit auseinandersetzen. Ein weiteres Plakat wurde vom »Aktionsbündnis Neue Universitätskirche St. Pauli« am Reformationstag 2008 an den Bauzaun der neuen Universitätskirche mit diesen fünf Thesen angebracht:

1. Das SED-Regime ließ 1968 die Universitätskirche sprengen, um einen Ort des freien Wortes zu beseitigen. Auch heute brauchen Stadt und Universität einen solchen Ort.
2. Die Trennung von Kirche und Staat regelt, aber verhindert nicht die Begegnung von Glauben und Wissenschaft im kritischen Dialog. Wir fordern die dreifache Nutzung der Universitätskirche: gottesdienstlich, akademisch, musikalisch.
3. Namen sind mehr als Schall und Rauch. Darum: »Universitätskirche St. Pauli«.
4. Die vorgesehene Glaswand trennt künstlich, was zusammengehört: Aula und Kirche. Wir fordern, auf den Bau der Trennwand zu verzichten.
5. Am Augustusplatz entsteht eine neue Kirche. Sie findet ihre Vollendung in der Aufstellung von Altar und Kanzel. Das steht der vielfältigen Nutzung der Universitätskirche nicht im Wege.

Auch mit diesem Thesenanschlag zogen wir uns den Zorn der Universitätsleitung zu und sahen uns dem Vorwurf ausgesetzt, Martin Luther zu missbrauchen.

Doch was ist daran verwerflich, an eine der wirkungsvollsten Aktionen Luthers anzuknüpfen?

Im Dezember 2008 kam es dann zu einer Art »Kompromiss«, wobei nicht klar war, zwischen wem eigentlich. Stadt Leipzig, sächsische Landeskirche und Universität Leipzig saßen an einem Tisch, nicht aber die anderen Akteure wie Paulinerverein oder das Aktionsbündnis. Dafür durfte Rektor Häuser nach altbewährtem Muster »Ich packe das, was ich denke, in ein Zitat von anderen« berichten, dass »ehrenwerte Professoren« im Blick auf Leute wie mich von »Klerikalfaschisten« reden würden. Mir ist nicht bekannt, dass auch nur eine/r am Kompromiss-Tisch das zurückgewiesen hat. Doch entscheidend war, dass in dem »Kompromiss« wesentliche Forderungen Berücksichtigung fanden, so die Restaurierung der Kanzel, und dass die Differenzen ausdrücklich festgestellt wurden, so bei der Frage nach der zerteilenden Glaswand. Zwar dachten einige, mit dem »Kompromiss« sei nun allen Kritikern der Universität Leipzig der Maulkorb umgehängt worden. Tatsächlich wurde es zunächst auch ruhiger. Doch mit dem nahenden Jubiläum der Universität Leipzig am 2. Dezember 2009 musste die Debatte notwendig neu aufflammen, zumal sich Peinlichkeit an Peinlichkeit reihte: Beim Gedenken an die Sprengung der Universitätskirche am 30. Mai 2009 übertönten erneut zu Beginn der Kundgebung auf der Baustelle am Augustusplatz die Presslufthämmer den Gesang des Thomanerchors. Nicht ein Dekan oder offizieller Vertreter der Universität war anwesend, geschweige denn, dass auch nur ein Universitätsangehöriger hörbar gegen diese bewusste Geschmacklosigkeit der Universitätsleitung protestiert hätte. Im August wurde die alte Glocke der Universitätskirche klammheimlich unter Ausschluss der Öffentlichkeit in den Turm der neuen Universitätskirche gezogen – an jedem anderen Ort wäre das Anlass für ein Volksfest gewesen. Aber die neutralistischen Säkularisten fürchteten, sich mit einer Glockenweihe zum Kirchencharakter des Neubaus zu bekennen. Mit allen Tricks versuchte man den Namen »Universitätskirche St. Pauli« im wahrsten Sinn des Wortes aus dem Gedächtnis der Universität zu streichen. So sollte – am Universitätsmusikdirektor vorbei – das Wort *Universitätskirche St. Pauli* von Plakatentwürfen für ein Konzert entfernt werden. Und schließlich – sozusagen als »Strafe« – wurde kein Vertreter der Thomaskirche, dem Gründungsort der Universität Leipzig 1409, zum Festakt in der neuen Universitätskirche eingeladen. Stattdessen hat sich der Rektor der Universität immer dann Beschwerde führend an den Landesbischof gewandt, wenn ich mich öffentlich zur Universitätskirche äußerte. Dankenswerterweise erhielt ich Rückendeckung durch den Landesbischof, wurde allerdings von ihm und vom Dekan der Theologischen Fakultät dazu gedrängt, im Festgottesdienst zum Universitätsjubiläum am 1. Dezember 2009 in der Thomaskirche kein Grußwort zu sprechen, weil man fürchtete, dass dann Rektor Häuser die Kirche verlassen würde. Es überrascht hoffentlich niemanden, dass es mir mehr als schwergefallen ist, dem nachzugeben. Pfarrer Amberg hat dann die Gemeinde begrüßt und nichts anderes gesagt, als auch ich zum Ausdruck gebracht hätte.

Es ist nur schwer nachzuvollziehen, dass eine erdrückende Mehrheit der über 30.000 Universitätsangehörigen das autoritäre Sichabschotten der Universitätsleitung über so lange Zeit geduldet hat und dass insbesondere die Lokalmedien kaum ein kritisches Wort gegenüber dem selbstherrlichen Gebaren des Rektorates verloren haben. Doch alles Verschweigen, alle Schikanen und aller Druck, der inneruniversitär ausgeübt wurde, konnten den ersten Universitätsgottesdienst in der neuen Universitätskirche St. Pauli am 2. Advent 2009 nicht verhindern – ein wunderbares Signal und ein Triumph über Christenphobie und Entpolitisierung von Bildung im Gewande des Säkularismus.

Heute bin ich ganz sicher: In ein paar Jahren werden wir alle Forderungen erfüllt sehen. Die Universitätskirche wird Universitätskirche heißen; sie wird dreifach genutzt werden: gottesdienstlich, akademisch, musikalisch; die Glaswand wird nicht eingebaut sein. Und die Universität wird ein Konzept für eine hochkarätige Veranstaltungsreihe im Umfeld von Glaube und Vernunft entwickelt haben, in der eine der Grundfragen aller Bildung behandelt werden wird: Welche Vorstellung haben wir davon, was aus einem jungen Menschen in der Zeit seines Studiums werden soll? Und dann wird man sich verwundert frage, wie es möglich sein konnte, dass sich die Universität Leipzig in ihrem Jubiläumsjahr der einmaligen Chance begeben hat, der Welt mit Stolz Großartiges zu präsentieren: die neue Universitätskirche St. Pauli. Mein Optimismus hat inzwischen auch eine Grundlage: 2010 wurde eine neue Universitätsleitung gewählt, die von ganz anderem Format ist als die alte. Ich gebe die Hoffnung nicht auf, dass die neue Universitätsleitung zum richtigen Zeitpunkt die Weichen für die neue Universitätskirche stellt. Darum habe ich mich im Sommer 2011 mit einem Memorandum an Rektorin Beate Schücking, die Prorektoren und den Kanzler gewandt und in diesem noch einmal meine Vorstellungen formuliert:

Am 30. Mai 2011, an dem sich die Sprengung der Universitätskirche zum 43. Mal jährte, fand eine Gedenkstunde im Leibniz-Forum auf dem Campus der Universität Leipzig statt – im Beisein der neuen Rektorin der Universität, Prof. Dr. Beate Schücking, und des Prorektors, Prof. Dr. Matthias Schwarz. Das wurde von allen Anwesenden als deutliches Signal der Verständigung wahrgenommen und mit großem Beifall begrüßt. Jeder spürte: Die neue Universitätsleitung hat verstanden, dass es sich bei der Sprengung der Universitätskirche 1968 und der Frage, wie mit der neuen Universitätskirche St. Pauli umgegangen wird, nicht allein um eine innere Angelegenheit der Universität Leipzig handelt. Vielmehr liegt es in der politischen Verantwortung aller Bürgerinnen und Bürger, was aus der neuen Universitätskirche wird – wobei die Entscheidungshoheit der Universität Leipzig und ihrer Organe unstrittig ist.

Aus diesem Grund wende ich mich mit den folgenden Gedanken an Sie. Ich halte jetzt den Zeitpunkt für gekommen, dass die Universitätsleitung die Initiative übernimmt und ihre Vorstellungen über die zukünftige Nutzung, Gestaltung und Benennung der neuen Universitätskirche der Öffentlichkeit präsentiert – ehe sie wieder zur Getriebenen wird. Dabei gehe ich davon aus, dass sowohl der Verlauf der bisherigen Debatte wie auch die neue Zusammensetzung der Universitätsleitung dieser die Freiheit gibt, jetzt mit eigenen Vorstellungen die Initiative zu übernehmen und den Bürgerinnen und Bürgern ein großzügiges Angebot zur Nutzung, Ausgestaltung und Benennung der neuen Universitätskirche zu machen.

1. Die Nutzungskonzeption

Die wichtigste Frage ist die Nutzung der neuen Universitätskirche als Gesamtraum. Die Historie wie auch die Notwendigkeit eines geistigen und geistlichen Zentrums eines Wissenschaftsbetriebes im 21. Jahrhundert legt folgende Nutzung nahe:

- wissenschaftliche Symposien, akademische Festveranstaltungen, Leipziger Disputation, Pauliner-Rede (an den Paulusfeiertagen am 25.01. oder 29.06. in Erinnerung an die berühmte Rede des Paulus auf dem Areopag [Apostelgeschichte 17]), Studium generale. Am historischen Ort gilt es einen wesentlichen Beitrag zur Debatte über Grundlagen des Forschens, Lehren und Lernens zu leisten – auf der Schnittstelle von Glaube und Vernunft, Religion und Wissen.

- die Universitätsmusik. Sie ist ein großes Pfund der Universität Leipzig und spielt in der Außenwirkung wie Außenwahrnehmung der Universität eine ganz wesentliche Rolle. Außerdem ist die Universitätsmusik Trägerin der geistigen und geistlichen Tradition der Universität und war in den Zeiten von Kriegen und Diktaturen ebenso wie die Universitätskirche selbst ein Ort der Freiheit, der Geborgenheit und der kulturellen Identität.
- die Universitätsgottesdienste an allen Sonn- und kirchlichen Feiertagen. Sie sind ein Kontinuum über die Jahrhunderte – und gleichzeitig ein sichtbares Zeichen für die Wurzeln der Universität. Außerdem verfügt die Universität weiter über die Ämter Universitätsprediger, Universitätsmusikdirektor und Universitätsorganist. Diese kirchliche Nutzung steht interreligiösen Veranstaltungen in der neuen Universitätskirche nicht im Wege.

2. Die Integrität des Raumes

Der Gesamtraum der neuen Universitätskirche ist eine Einheit. Weder die Dreifach-Nutzung noch die klimatischen Erfordernisse machen eine Trennwand erforderlich. Allein die Tatsache, dass die große Orgel auf der Empore im Langhaus der neuen Universitätskirche die gleichen klimatischen Bedingungen benötigt wie die Epitaphe und die Schwalbennestorgel im Chorraum, macht den Einbau der Glaswand nicht nur überflüssig. Diese bringt auch unter klimatischen

Gesichtspunkten keinen Nutzen. Für die Universitätsmusik ist die Glaswand schädlich und hinderlich. Hinzu kommt, dass der Einbau und Betrieb der Glaswand mit hohen Kosten ohne Nutzen verbunden ist.

Wenn nunmehr der Kustos der Universität, Dr. Rudolf Hiller von Gaertringen, in der Öffentlichkeit die Schwierigkeiten vorträgt, die noch zu restaurierende Kanzel in der neuen Universitätskirche aufzustellen, so liegen diese Schwierigkeiten nur an einer Tatsache: der geplanten Glaswand. Denn der richtige Standort der Kanzel ist genau da, wo die Glaswand installiert werden soll. Da aber die Aufstellung der Kanzel Konsens ist, gibt es nur eine Konsequenz: auf die Glaswand zu verzichten, so dass die Kanzel für den Gesamtraum nutzbar ist.

Nun heißt es, dass die Glas- (de facto: Acryl-/Plexiglas-) wand schon produziert sei. Selbst wenn es so ist: Die Kosten des Einbaus wie die personell und finanziell aufwändige Nutzung stellen ein großes Einsparpotential dar, das mit einer Aufwertung des Raumes verbunden ist. Hinzu kommen noch zwei Punkte:

- Da die Wand nicht mehr in voller Höhe in den Raum zu transportieren ist, wird es zwangsläufig zu sichtbaren Klebestreifen für die Wandteile kommen. Das und die notwendigen Rahmenprofile sind nicht nur ästhetisch grenzwertig, es widerspricht auch allen Argumenten, die für die Wand vorgebracht wurden.
- Durch den Einbau der Acryl-/Plexiglaswand würde der großartige architektonische Einfall, nämlich durch den Glasstreifen im Dach eine sichtbare Unterbrechung vom Chorraum zum Langhaus vorzunehmen, ohne dass damit die beiden Teile wirklich getrennt sind, konterkariert.

Zur Integrität des Raumes gehört auch die Aufstellung des Pauliner-Altars, der sich seit Pfingsten 1993 als Leihgabe der Universität in der Thomaskirche, dem Gründungsort der Universität Leipzig, befindet. Sobald der Bau der neuen Universitätskirche fertig gestellt ist, wird sich die Kirchgemeinde St. Thomas vom Pauliner-Altar verabschieden. Allerdings setzt auch dieser Altar die Nutzung der Universitätskirche als Gesamtraum voraus.

3. Der Name

Mit der Sprengung ist die alte Universitätskirche unwiederbringlich zerstört – aber ein Name kann nicht zerstört werden. Und genauso, wie ein Name nach dem Tod eines Menschen nicht ausgelöscht ist, bleibt der Name »Universitätskirche St. Pauli« lebendig. Da die Universität Leipzig historische Beziehungen zu Prag hat, möchte ich auf die Geschichte der Bethlehemskapelle verweisen. In dieser aus dem 13. Jahrhundert stammenden Kirche predigte Johann Hus (übrigens auch Thomas Müntzer). Bis zu 3.000 Menschen versammelten sich in der Predigtkirche. Durch Geländeankauf geriet die Kapelle (ein riesiger Kubus) in den Besitz der Jesuiten, die sie Ende des 18. Jahrhunderts entweihten und teilweise abrissen. Erst nach 1945 konnte die Bethlehemskapelle wieder aufgebaut und rekonstruiert werden, behielt ihren Namen und dient heute der Technischen Universität Prag als: Gottesdienststätte, akademischer Festsaal, Konzertraum.

Es kann als ziemlich sicher gelten: Der Name »Unikirche« wird sich durchsetzen. Als Kirche wird das Gebäude von außen schon jetzt wahrgenommen. Der Aufsteller der Bürgerinitiative »Für eine weltoffene, weltliche und autonome Universität Leipzig« auf dem Augustusplatz kommt einem vor wie die Beamten und Kammerherren im Märchen »Des Kaisers neuen Kleider«, die wider besseres Wissens behaupten, das, was die Menschen sehen, sei keine Kirche. Niemand aber kann plausibel erklären, warum die neue Universitätskirche nicht so heißen soll. So wird es von Jahr zu Jahr seltsamer wirken, wenn die Universität Leipzig weiter am Kunstbegriff »Paulinum« festhält, während alle anderen von Universitätskirche sprechen werden.

Resümee

Mit diesen Gedanken möchte ich Sie ermuntern, jetzt die Initiative zu ergreifen, um dann bei allen anderen Fragen der Innengestaltung die nötige Freiheit zu haben. Denn ob Säulen und wie viele und in welcher Gestalt in der neuen Universitätskirche gebaut werden, ob die Universitätskirche ein Gewölbe erhält oder nicht – das sind in meinen Augen Marginalien, die mit der Funktion und Bedeutung des Raumes nur am Rande etwas zu tun haben.

Zur politischen Durchsetzbarkeit

Dass die neue Universitätskirche bis heute nicht fertig gestellt ist und eine Fertigstellung auch bis 2013 nicht gewährleistet ist, ist kein Zufall. Dies hängt vor allem damit zusammen, dass die Universität Leipzig in den vergangenen 15 Jahren vor allem eines signalisiert hat: Wir brauchen ein solches Gebäude nicht, wir wollen es auch nicht. Darum gibt es bis zum heutigen Tag kein Nutzungs-, aber auch kein überzeugendes Gestaltungskonzept. Stattdessen war allen offiziellen Äußerungen abzuspüren, dass man unter keinen Umständen an die Dreifachnutzung der zerstörten Universitätskirche anknüpfen will. Doch dieser Abwehr entbehrte jegliche inhaltliche Ausrichtung. Wenn jetzt die neue Universitätsleitung in die Offensive geht, wird es von denen, die in den vergangenen Jahren für die Glaswand als Trennlinie zwischen sakraler und akademischer Nutzung plädierten (wobei sich die meisten gar nicht bewusst sind, dass zur »akademischen« Nutzung natürlich auch der Universitätsgottesdienst gehört!), nur eine – wenn überhaupt – kurze Einspruchsphase geben. Es mangelt einfach an inhaltlicher Tiefe und Überzeugungskraft. Ich selbst gehe sogar davon aus, dass etliche Universitätsangehörige – durch die Initiative der neuen Universitätsleitung von jeglichem Druck befreit – mit Freude den vorgeschlagenen Weg befürworten. Im gegenteiligen Fall ist mit Sicherheit davon auszugehen, dass die öffentliche Kritik an der Universität anhalten wird und die Universität ihres großartigen Gebäudes nicht froh werden kann. International und national kann nach meiner Einschätzung sowieso kaum jemand begreifen, warum die Universität Leipzig sich so schwer damit tut, sich zur neuen Universitätskirche in ihrer Dreifachnutzung zu bekennen. Darum mein Appell: Nutzen Sie jetzt die Zeit und Atmosphäre großer Erwartungen für eine wegweisende Initiative. Sie wird auch dazu führen, dass die zur Fertigstellung der neuen Universitätskirche notwendigen finanziellen Mittel schnell bereitgestellt werden.

Natürlich ist mir bewusst, dass Sie derzeit noch ganz andere Probleme zu lösen haben. Aber eine entschlossene Initiative in der aufgezeigten Weise wird Ihnen viel neuen Handlungsspielraum nach innen und außen eröffnen und vor allem auch eines zeigen: dass Sie neben allem anderen die geistige Ausrichtung und Fundierung wissenschaftlicher Arbeit in der Ausbildung der Führungskräfte unserer Gesellschaft für die nächsten Jahrzehnte im Blick haben und die gesellschaftspolitische Verantwortung der Lehrenden und Lernenden an der Universität nicht nur bejahen, sondern dieser auch einen Ort geben, an dem sie umfassend diskutiert und bedacht werden kann.

Aufwachen

Ansprache
am 26. November 2011 bei der Kundgebung
„Kein NPD-Zentrum in Leipzig"
in Leipzig-Lindenau

Eigentlich darf niemand überrascht sein über das, was seit wenigen Wochen ans Tageslicht gekommen ist. Eigentlich hat sich das alles seit langem abgezeichnet. Eigentlich war das denen, die wach und aufmerksam leben, ziemlich klar, dass der Rechtsradikalismus eben keine Randnotiz gesellschaftlichen Lebens ist, sondern das friedliche, respektvolle, menschliche Miteinander in einer Gesellschaft gefährdet. Und doch hat sie gewirkt, die beruhigende Propaganda von interessierter Seite: ist alles nicht so schlimm. Denn dass Neonazis sich seit zwei Jahrzehnten in Ost und West in der Mitte der Gesellschaft einnisten konnten, war und ist ein Vorgang, den wir alle wahrnehmen konnten, und vor den doch der Schleier der Normalität gezogen wurde. Ist das alles ein Zufall? Natürlich nicht. Die Verschleierung ist durchaus gewollt. Und da gibt es mehrere Beteiligte:

Da sind zum einen die Täter, also diejenigen, die der Ideologie der Menschenfeindlichkeit, des Nationalismus, des Militarismus verfallen sind; Menschen, die sich über andere mit Gewalt erheben und ganz bewusst an die Verbrechen des Nationalismus anknüpfen und skrupellos hassen und morden.

Zum anderen sind da die Helfershelfer, also diejenigen, die in bestimmten Institutionen als Steigbügelhalter der Neonazis tätig sind. Und da muss der sog. Verfassungsschutz in den Focus unserer politischen Wachheit geraten. Um es vorweg zu sagen: solche Organe wie der sog. Verfassungsschutz oder der Bundesnachrichtendienst (BND) gehören abgeschafft – und nicht erst jetzt. Der Name „Verfassungsschutz" ist schon eine Unverfrorenheit. Denn unsere Verfassung wird nicht durch Dunkelmänner und Nazikumpanen geschützt, sondern allein durch demokratisch gesinnte Bürgerinnen und Bürger, die sich am gesellschaftlichen Leben beteiligen, und durch die Gerichte. Mir ist nicht bekannt, dass der sog. Verfassungsschutz oder der BND in den vergangenen Jahrzehnten irgendetwas Vernünftiges zustande gebracht haben. Weitgehend von Altnazis gegründet und zunächst bestückt haben der sog. Verfassungsschutz und der BND regelmäßig einen Skandal nach dem anderen produziert. Willy Brandt haben sie zur Strecke gebracht, die Friedliche Revolution haben sie verpennt – und jetzt haben sie mit zu verantworten, dass über ein Jahrzehnt die Nazi-Terrorgruppe ihr Unwesen hat treiben können. Man schaue sich nur die Phalanx der Präsidenten an: viele mussten gehen, und einer sitzt immer noch im Knast, Holger Pfahls. Kein Wunder bei einer Institution, die

die Lüge, den Betrug, die Niedertracht, das Austricksen, den Pakt mit dem Teufel zum Prinzip macht. Mit solchen Mitteln kann eine demokratische Verfassung zerstört, aber nicht geschützt werden.

Und dann sind da die Beschwichtiger und Brandstifter. Ich erinnere an das Machwerk von Tilo Sarrazin „Deutschland schafft sich ab“: zynisch, überflüssig und eigentlich nicht der Rede wert. Gefährlich allerdings waren und sind die Beweggründe eines großen Verlages und verdächtig vieler Medien, ein solches Buch auf den Markt zu werfen und zu einem Großereignis zu pushen. Offensichtlich sollten menschenverachtende Pauschalurteile, eugenische und nationalistische Diktionen salonfähig gemacht werden – obwohl sie mit den Grundwerten unserer Verfassung, des christlichen Glaubens und mit einem respektvollen Umgang auch mit schwierigen Menschen nicht vereinbar sind. Vor allem sollten moralisch gebundene Grundpositionen als für Bereinigungsstrategien hinderlich diskreditiert werden. Also wurden im vergangenen Jahr diejenigen, die sich illusionslos und unverdrossen der Integrationsaufgabe stellen, über Wochen mit einer verächtlichen Überheblichkeit als „Gutmenschen“ verhöhnt – wobei ich es als einen Tiefpunkt in der politischen Debatte betrachte, wenn der Begriff „guter Mensch“ zum Schimpfwort geriert.

Was da also geschehen ist, ist kein Zufall. Es ist die Konsequenz aus Nachlässigkeit, Verschlafenheit und

Kumpanei. Es ist die Verkennung der Tatsache, dass in Deutschland der nazistische Rechtsextremismus wirklich gefährlich ist. Nie hat es im politischen Bereich eine in sich zusammenhängende Debatte über Nazi-Terror seit 1990 gegeben, obwohl zum Beispiel die Wochenzeitung „DIE ZEIT“ schon immer auf die hohe Anzahl von Opfern des Nazi-Terrors hingewiesen hat und die latente Akzeptanz von rechtsextremistischen Positionen wie Antisemitismus und Ausländerfeindlichkeit in weiten Kreisen der Bevölkerung bekannt war. Jetzt heißt es: aufzuwachen. Es ist schließlich Advent. Jetzt heißt es, die Nazi-Kumpanei eines Mannes wie dem thüringischen sog. Verfassungsschutzpräsidenten Dr. Helmut Roewer klar als solche zu benennen und aufzuarbeiten. Jetzt heißt es, dort, wo Nazis auftreten, ihnen entschlossen entgegenzutreten, so wie wir das heute auch tun, und alle Angst abzulegen. Jetzt gilt es, die zu unterstützen, die in Ortschaften leben, in denen Nazis gar nicht mehr auffallen. Und jetzt heißt es auch, hier in Sachsen Schluss zu machen mit der Verfolgung derer, die sich dem Naziterror mutig entgegenstellen. Wir sollten nie vergessen: der Naziterror im Dritten Reich wurde ermöglicht durch das Bürgertum, auch durch die Bildungselite Deutschlands. Wenn das stimmt, dann müssen sich heute die Bürgerinnen und Bürger und vor allem die Bildungselite aktiv am Kampf gegen den Rechtextremismus beteiligen. Aber wo sind sie, auch hier in Leipzig? Wo sind die Universitätsangehörigen?

Zum Schluss: Natürlich ist das NPD-Verbot wichtig, unerlässlich und vor allem überfällig. Aber wir sollten nicht meinen, dass damit die Nazi-Ideologie weg ist. Darum ist jeden Tag neu eine gesellschaftliche Anstrengung nötig, damit Menschen sich aktiv einsetzen für den sozialen und demokratischen Rechtsstaat, damit Menschen nicht dem Antisemitismus oder anderer Menschenfeindlichkeit anheimfallen. Das hat viel mit dem sozialen Gefüge in unserer Gesellschaft zu tun und auch mit den Werten, die wir an unsere Kinder weitergeben.

Suchet der Stadt Bestes

Als ich 1977 in Mannheim meine Tätigkeit als Pfarrer an der dortigen Unionskirche begann, erhielt ich einen Brief vom damaligen Bischof der Badischen Landeskirche Wolfgang Heidland mit der Aufforderung, mich beim Oberbürgermeister vorzustellen. Eine Kopie des Briefes ging an den Oberbürgermeister. Das erschien mir damals wie eine kleine, aber wichtige Konsequenz aus der grundlegenden Schrift von Karl Barth »Christengemeinde und Bürgergemeinde« aus dem Jahr 1946. Diese Schrift hat für mich heute noch wegweisenden Charakter – enthält sie doch erstmals ein theologisch begründetes Bekenntnis zur rechtsstaatlichen Demokratie als die dem Evangelium von Jesus Christus am ehesten gemäße Gesellschaftsordnung. Ich ging also zum Oberbürgermeister und hielt auch weiterhin Kontakt zur Stadtverwaltung in Mannheim – nicht zuletzt zu Baubürgermeister Niels Gormsen, der 1991 dann in Leipzig der erste Baubürgermeister nach der Friedlichen Revolution wurde.

Es war für mich also selbstverständlich, auch in Leipzig schnell Beziehungen zur Stadtverwaltung aufzubauen – zumal ja die Thomaskirche seit der Reformation über den Thomanerchor und den Thomaskantor als städtische Institutionen eng mit der Stadt Leipzig verbunden ist. Während der Nazi- und der DDR-Zeit war das ein Balanceakt, heute ist das Gott sei Dank unproblematisch. Wenn die Kirche der Stadt Bestes suchen will, dann muss sie sich auch in die öffentlichen Belange einmischen. Für mich war das weder eine offene Frage noch ein Problem. Aber ich merkte sehr schnell, dass ich an dieser Stelle unbefangener agierte, als es viele Kolleginnen und Kollegen und die Gemeinde gewohnt waren. Auch habe ich die Minderheitenrolle der Kirche unterschätzt – abseits ihrer Bedeutung für die Friedliche Revolution. Dennoch habe ich nichts unversucht gelassen, mich um städtische Zusammenhänge zu kümmern – im sozialen Bereich (Obdachlosenarbeit und Bahnhofsmission), in der Förderung des jüdischen Lebens, in der Frage, wie und ob sich die Stadt Leipzig langfristig als die Bach- und Musikstadt positioniert, wie es in der Innenstadt zu einem sinnvollen Ausgleich zwischen Wohnen und Vergnügen kommen kann, und natürlich im Bemühen, den Neonazis und dem rechtsradikalen Gedankengut deutlich entgegenzutreten. Gerade Letzteres halte ich für unverzichtbar. Mir jedenfalls ist am 21. März 1992 der dumpf dröhnende Marschschritt von 400 schwarz gekleideten Neonazis in die Knochen gefahren, als diese unter dem Fenster meines Arbeitszimmers im Dittrichring 12 vom Hauptbahnhof in Richtung Simsonplatz zogen, um dort eine Kundgebung abzuhalten. Natürlich stammten die meisten aus Westdeutschland – und dennoch mutete die Schamlosigkeit gespenstisch an, so dreist in der Stadt der Friedlichen Revolution aufzutreten.

Wichtig war und ist mir, dann meine Stimme zu erheben, wenn ich den Eindruck habe, dass etwas im öffentlichen Leben schiefläuft oder grundlegende Einsichten des christlichen Glaubens tangiert werden. Natürlich macht das angreifbar. Aber wenn es anders wäre, würde es nicht lohnen, sich in die öffentliche Debatte einzumischen. Mir kommt es jedenfalls nicht darauf an, dem Mainstream zu folgen oder mich nur dann öffentlich zu positionieren, wenn mir allgemeine Zustimmung gewiss ist. Wichtig ist allein, dass ich selbst von dem, was ich sage, überzeugt bin. Und das kann dann durchaus eine Minderheitenposition sein und einem Ärger einhandeln. So habe ich immer wieder auf Umwegen erfahren, wer sich über mich beim Landesbischof beklagt hat – mal war es der Regierungspräsident, mal der Chefredakteur der Leipziger Volkszeitung, mal der Rektor der Universität, mal eine Ministerin. Merkwürdig nur, dass sie den direkten Meinungsaustausch mit mir scheuten.

Angesichts der Schwäche der politischen Parteien, denen eigentlich eine ganz wichtige Aufgabe bei der politischen Willensbildung in der Demokratie zukommt, habe ich mich von Anfang an in der Verantwortung gesehen, eine aktive Rolle im öffentlichen

Meinungsbildungsprozess zu spielen. Das wurde und wird von nicht wenigen als Anmaßung missverstanden. Und leider reagieren in Leipzig immer noch viele Menschen so: Der hat eine Meinung, also ist er intolerant. Das liegt auch daran, dass das Äußern einer klaren Meinung von vielen als »Befehl« oder »Diktat« missverstanden wird. Darum aber geht es mir ganz und gar nicht. Ich will einfach Menschen bewegen, sich zu den fraglichen Punkten zu verhalten. Sie sollen Stellung beziehen und in eine Debatte eintreten: kritisch, ablehnend oder zustimmend.

Nun war in den ersten Jahren das Klima in Leipzig von Aufbruch geprägt. Diejenigen, die nach der Friedlichen Revolution in Leipzig lebten und arbeiteten, an den Erneuerungen beteiligt waren und zu einem nicht unerheblichen Teil aus Westdeutschland stammten, vergaßen zunächst einmal die alten Strickmuster gesellschaftspolitischer Auseinandersetzungen. Dazu war keine Zeit und vor allem: Es stimmte auch nichts mehr an alten Frontstellungen. Das machte die Debatte sehr offen. Links und rechts, konservativ und fortschrittlich – das alles waren Kategorien, die nicht mehr griffen. Gefragt war, was Leipzig voranbrachte. Und dennoch musste um richtig und falsch, angemessen und überflüssig, um wertvoll und nichtig gerungen werden. Da parkten samstags zur Motette die Autos auf dem südlichen Thomaskirchhof rings ums Bachdenkmal bis zur Bachtür. Da forderten die meist aus Westdeutschland angereisten Geschäftsführer der großen Kaufhäuser das Anfahren per PKW möglichst bis zur Kasse. Da trieben die Hütchenspieler ihr schmutziges Geschäft auf der Petersstraße und das Ordnungsamt erklärte sich für machtlos. Da veranstaltete im Juni 1993 die Messe GmbH eine Waffenmesse im Untergrundmessehaus und merkte erst nach massiven Protesten, dass eine solche Veranstaltung in der Stadt, die 1989 mit dem Ruf »Keine Gewalt« das Signal zur »Friedlichen Revolution« gegeben hatte, deplatziert war.

Doch je mehr sich das Leben normalisierte, desto weniger selbstverständlich wurde das öffentliche Agieren des Bürgertums. Bürger – erst in Leipzig habe ich gemerkt, was es bedeutet, wenn sich eine Stadt, eine Gesellschaft des Bürgertums entledigt. In Ostdeutschland dauerte der Exodus der bürgerlichen Schicht seit sieben Jahrzehnten an. Er begann mit der Vertreibung der Leipziger jüdischen Glaubens zu Beginn der Nazizeit. Dabei hatten ihr Mäzenatentum und bürgerschaftliches Engagement wesentlich dazu beigetragen, dass Leipzig zu Beginn des 20. Jahrhunderts zur reichsten und bedeutendsten Stadt Deutschlands aufgestiegen war. Leipzig gab nicht nur in Handel, Wissenschaft und Kultur den Ton an, auch wichtige sozialpolitische und ökologische Neuerungen gingen von dieser Stadt aus. Noch heute staunen Fremde, wie geschickt Auwaldgebiete, Park- und Schrebergartenanlagen mit bebauten Stadtteilen verwoben wurden und welche großzügigen Hof- und Gartenanlage sich hinter mächtigen geschlossenen Gründerzeitfassaden verbergen. Und dann wanderte die bürgerliche Schicht nach Kriegsende fast vollständig in Richtung Westen ab. Diejenigen, die blieben, gehörten zu einem nicht unerheblichen Teil der Kirche an. Noch heute wird völlig unterschätzt, wie sehr die alte Bundesrepublik von diesem Exodus profitiert hat. Jedenfalls steht dieser Menschen-Transfer zwischen 1949 und 1989 den Milliardenbeträgen, die nach 1989 in Ostdeutschland investiert wurden, in nichts nach. Ab 1990 kehrten einige der gebürtigen Ostdeutschen zurück in die Bürgerstadt Leipzig. Doch es waren viel zu wenige.

Immerhin: Die alten Kaufmannsvereinigungen wie »Die Vertrauten« und die »Harmonie« konnten sich nach der Friedlichen Revolution wieder zusammenfinden. Auch ist es gelungen, dass viele der wenigen den Holocaust überlebenden Juden wieder gerne ihre Heimatstadt besuchen. Mit einigen von ihnen sind in den vergangenen Jahren wunderbare Freundschaften entstanden – vor allem mit Peter Held und Sir Ralph Kohn. Beide leben heute in London und engagieren sich in großartiger Weise für Leipzig. Allerdings müssen wir – wenn wir über das Bürgertum in Leipzig reden – auch kritisch sehen, dass das (Bildungs-)Bürgertum an seinem Untergang mit beteiligt war. Es hat sich der Schreckensherrschaft der Nationalsozialisten zu wenig in den Weg gestellt, weil es kein Verhältnis zur Demokratie hatte – und war darin der Evangelischen Kirche sehr ähnlich. Darum ist heute das Bürgertum aufgefordert, sich aktiv für den demokratischen und sozialen Rechtsstaat einzusetzen, für die kulturelle und religiöse Vielfalt und für die Pflege und Förderung von Kunst, Musik und Sport als Grundvoraussetzung für ein menschliches und friedliches Miteinander in der Vielfalt einer Großstadt. Vor allem aber steht das Bürgertum dafür, dass Grundwerte menschlichen Zusammenlebens lebendig erhalten und geachtet werden und ständig aus den Quellen neu gespeist werden können.

Ob das aber heute Konsens im Bürgertum Leipzigs ist – da habe ich meine Zweifel. Als ab 1998 die Neonazis fast jedes Jahr in Leipzig, teilweise zwei Mal, aufmarschierten, da stand nicht die neu entstehende bürgerliche Schicht in der ersten Reihe derer, die für ein weltoffenes und fremdenfreundliches Leipzig demonstrierten (und schon gar nicht waren es die Universitätsangehörigen, weder Professoren noch Studierende) – obwohl sich alle Oberbürgermeister Leipzigs in dieser Frage ganz eindeutig positioniert haben und nie abseits standen. Ebenso hat sich das Bürgertum Leipzigs in Sachen Universitätskirche St. Pauli auffallend zurückgehalten, obwohl gerade die Zerstörung der Universitätskirche auch gegen das bürgerliche

Leben gerichtet war und die Friedliche Revolution, Kerzen und Gebete, die Rückkehr des Bürgertums ermöglicht haben. Und wenn es um eine Grundlage des Zusammenlebens in einer Stadt geht, nämlich die gegenseitige Rücksichtnahme, ist es äußerst mühsam, das Bürgertum aus der Reserve zu locken. Der Grund scheint mir ein sehr ernüchternder zu sein: Vieles wird heute als selbstverständlich in Anspruch genommen. Dass ich mich samstags in die Motette in die Thomaskirche setzen kann, um dem Thomanerchor zu lauschen, dass Leipzig mit dem Gewandhausorchester eines der besten Instrumentalensembles der Welt unterhält, dass es im Waldstraßenviertel das wunderbare Ariowitsch-Haus gibt, dass Nikolai- und Thomaskirche täglich zugänglich sind – das ist nur möglich, wenn sich Menschen darum kümmern und sich dafür verantwortlich fühlen und immer wieder dafür streiten.

Jeden Tag haben wir neu zu gewichten: Bürgertum oder Boulevard, Citoyen oder Bourgeois – und nicht: Ost oder West, gebürtiger Leipziger oder »Fremder«. Natürlich sind die Grenzen fließend. Aber es ist schon merkwürdig, wenn nicht nur ich nach 20 Jahren Wirken in Leipzig von Leuten, die wie selbstverständlich für sich in Anspruch nehmen, »Wir Leipziger« zu sein, als »Mann, der aus der Fremde kam« tituliert werde. Doch es geht nicht um Herkunft, sondern um Inhalte. Leipzig muss Akzente setzen und aufhören, sich in Beliebigkeiten zu üben. Das gilt sowohl für den sozialen Zusammenhalt, für den Sport, für die multikulturelle und multireligiöse Gestaltung städtischen Lebens, für das Bejahen unterschiedlicher Lebensentwürfe als auch für die Frage, wie sich in der Innenstadt Wohnen und Vergnügen vereinbaren lassen. Es gibt in Leipzig (und wahrscheinlich nicht nur dort) ein merkwürdiges Verhaltensmuster: Kaum ist eine Entscheidung gefallen, beginnt man, sich von ihr zu distanzieren, weil vielen die Kraft fehlt, einmal getroffene Weichenstellungen auch durchzuhalten. Als der beim Kulturbürgermeister Dr. Georg Girardet angesiedelte Kulturbeirat, dem ich angehörte, sich eindeutig für das Profil Leipzigs als »Musikstadt« aussprach, kam es sofort zu kritischen Einwänden. Und wie reagierte die Stadtverwaltung? Sie ließ das Leitbild fallen und sprach von der »Stadt der Vielfalt«! Unabhängig davon, dass städtisches Leben notwendig vielfältig sein muss – Leipzig wird sich nur über seine reiche musikalische Tradition und als die Bach-Stadt weltweit profilieren können.

Zu Beginn der 90er Jahre beschloss die Stadt Leipzig, in der Innenstadt bei allen Neubauten 20 % Wohnraum entstehen zu lassen, um so der Verödung der Innenstadt vorzubeugen. Eine weise Planungsvorgabe und richtige Konsequenz aus Fehlentwicklungen in westdeutschen Großstädten. Nur: Wenn Wohnen erwünscht ist, dann muss es auch möglich sein.

Das aber wird seit dem Jahr 2000 immer schwieriger. Denn in der Innenstadt macht jeder seins: Der eine postiert plärrende Boxen vor seinen Geschäftseingang, der andere lässt die Bässe stundenlang über den Marktplatz oder bis in die frühen Morgenstunden aus den Discos wummern, der dritte stellt die Bürgersteige mit Freisitzen zu, die eher an einen Wintergarten denn an Gartenmöbel erinnern – und jeder behauptet, das alles sei nur zum Besten der Stadt und ihrer Gäste und diene der eigenen Existenzsicherung. Was es bedeutet, wenn die Bässe von der Gottschedstraße in die zur Aufführung der Matthäuspassion voll besetzte Thomaskirche schwappen oder der Cellist Heinrich Schiff sein Konzert unterbrechen muss, weil parallel zum Bachfest eine Feuerwerk-Weltmeisterschaft stattfindet – das überlässt man dann denen, die es aushalten müssen. 2000 habe ich, auch weil ich spürte, wie sehr es unter den Bewohnern der Innenstadt brodelte, zu einer Bürgerversammlung eingeladen – und der Gemeindesaal war voll (die meisten natürlich Nichtchristen). Endlich konnten die Betroffenen ihren Frust abladen. Und wieder wurde ein großer Mangel der Stadtpolitik offenbar: Inkonsequenz. Aber dahinter verbarg sich noch eines: Wer allgemein gegen Lärm auftritt, kann sich der Zustimmung aller sicher sein. Wer ihn konkret benennt und Änderungen einklagt, steht plötzlich ziemlich allein da. Genau diese Erfahrung habe ich in den vergangenen Jahren gemacht: Allein die bloße Tatsache, dass sich die Bürgerinitiative »Leben in der Innenstadt« bildete und für einen Interessenausgleich eintrat, brachte ihr den Ruf ein, Spaßbremse und Sammelbecken der Spießer zu sein. Und den Verantwortlichen in der Stadt war das noch nicht einmal unlieb. Dabei muss man wenigstens erwarten, dass die Stadtverwaltung gegenseitige Rücksichtnahme und Konsens als Grundlage für ein vernünftiges Miteinander in der Stadt erachtet und ihre Bürger vor Verunglimpfung in Schutz nimmt. Doch leider sah es anders aus. Der »Kreuzer« titelte »Ein Pfarrer läuft Amok« und nicht wenige Bürger lachten über die ach so ruhebedürftigen Innenstadtbewohner und empfahlen, doch woanders hinzuziehen. Dabei ertragen die Innenstadtbewohner klaglos einen Lärm, der die Menschen, die sich gerne in der Innenstadt vergnügen, im eigenen Wohngebiet auf die Barrikaden gehen ließe.

Auch wenn es mancher kritisch sieht – ich halte es für ein angemessenes stellvertretendes Handeln, dass die Kirchgemeinde St. Thomas, in einer Person Mieter, Vermieter, Veranstalter, die logistische Arbeit für die Bürgerinitiative übernommen hat – geht es doch auch um den Grundwert der Rücksichtnahme. Mit der Bürgerinitiative kam es mir auf zweierlei an: zum einen in der Sache Veränderungen zu erzielen. Das ist durchaus gelungen. Zum andern wollte ich ein demokratisches Erfahrungsfeld schaffen, das zeigt: Einmischung in die Stadtpolitik lohnt sich, auch wenn der Erfolg sich nicht sofort einstellt. Leider reagieren ganz viele Menschen immer noch so: Wenn meine Anliegen nicht sofort umgesetzt werden, bin ich erfolglos und das Vorurteil bestätigt sich: Politiker hören nicht auf den Bürger. Ebenso meinen viele Menschen, dass einmal erreichte Veränderungen immer gelten müssten. Doch Beteiligung in der Demokratie setzt einen dauerhaften Einsatz voraus. Und genauso ist der Erfolg nur im Kompromiss zu finden – ein mühsames, aber lohnendes Geschäft.

Die Erfolge, die wir mit der Bürgerinitiative hatten und haben, sind gleichzeitig immer wieder gefährdet. Die Versuche, die Innenstadt zu einer Open-Air-Zone des Vergnügens rund um die Uhr umzugestalten, nehmen nicht ab. Das läuft dann auf die bekannte Tour: Man etabliert eine Veranstaltung wie »Classic open«, bedient sich des Schneeballsystems »Der macht mit, also muss ich auch mitmachen« – und schon liegen viele Verantwortungsträger der Stadt Leipzig einem selbsternannten Impressario zu Füßen, der allen zeigen will, wie Kultur funktioniert: nämlich mit Spaß und Geld. Folge: elf Tage Dauerbeschallung von mittags bis Mitternacht auf dem Marktplatz. Und wenn Frau Minister und Herr Ministerpräsident und Herr Bürgermeister und wer weiß wer noch dem Impressario die Ehre erweisen, dann kann doch wohl niemand etwas dagegen haben. Wenn dann noch eine Lokalzeitung wie die Leipziger Volkszeitung als Mitveranstalter auftritt und somit wirtschaftliche Interessen die journalistische Unabhängigkeit und Sorgfaltpflicht überlagern, braucht sich niemand darüber zu wundern, dass diejenigen, die auf den Interessenausgleich von Wohnen und Vergnügen drängen, als Störenfriede gebrandmarkt werden. So kam es Ende 2011 zu einer gezielten Kampagne in der Leipziger Volkszeitung. Exklusiv wurde ein Leserbrief veröffentlicht, in dem dazu aufgefordert wurde, Leute wie Pfarrer Wolff »mit Schimpf und Schande aus der Stadt« zu jagen. Wenig überraschend, dass der Leserbriefschreiber beste Kontakte zur Geschäftsführung der Leipziger Volkszeitung unterhält. Erschreckend, wie präsent das ganz normale rechtsradikale Gedankengut (Du störst, also verschwinde!) sogar in Redaktionsstuben ist. Erfreulich, dass die Kampagne dank der klaren Reaktion der Kirchgemeinde, des Superintendenten und vieler Bürgerinnen und Bürger und dank des Internets kläglich in sich zusammengebrochen ist.

An die bürgerliche Tradition anzuknüpfen hat wenig zu tun mit den roten Teppichen, die etliche auch in Leipzig gerne und vermehrt ausrollen wollen. Auf denen sollen dann die eingekauften Schönen und Reichen, die sich bei jeder Preisverleihung in den ersten Reihen räkeln, den Einwohnern Leipzigs Bedeutung vorgaukeln. Dabei hat Leipzig eine Tradition und Originalität, die dessen nicht bedürfen. Die Stadt ist weltweit einmalig – wenn wir allein an die authentischen Musikorte, die authentischen Ensembles und die authentischen Formate (Gottesdienst, Motetten) denken. Da können auch Wien und Salzburg nicht mithalten. Nur, darüber wird viel zu wenig geredet. Und dem steht auch die areligiöse Stimmungslage in Leipzig entgegen, deren Wirkungskraft niemand unterschätzen sollte. Solange in vielen Kindergärten und Schulen das Singen von Liedern mit religiösem Inhalt nicht nur unterbleibt, sondern bewusst gemieden wird, darf sich niemand wundern, dass wesentliche Wurzeln der Kultur verschüttet bleiben. Ein Teil der Stadt und ihrer offiziellen Vertreter sowie die Lokalpresse haben vergessen, dass Kultur von Kultus stammt und dass 800 Jahre THOMANA nur gefeiert werden können, weil wir auch heute noch die geistliche Musik an ihren ursprünglichen Orten pflegen, nämlich in den Kirchen, und ihr einen Platz in der Moderne geben, indem regelmäßig Uraufführungen stattfinden. Menschen, die aus aller Welt nach Leipzig kommen, sehnen sich danach, Bach in der Thomaskirche zu hören, möglichst als Teil eines Gottesdienstes. Den Konzertsaal haben sie auch in Tokyo oder New York.

Nun gehört zur Kultur und Tradition Leipzigs das jüdische Leben – nicht nur wegen der großen Bedeutung, die Felix Mendelssohn Bartholdy für diese Stadt hat. Als ich Anfang 1992 die Stelle als Pfarrer an der

Thomaskirche übernahm, bewegte ich mich sofort auf den Spuren des während des Nationalsozialismus vernichteten jüdischen Lebens. Denn zum Gebiet der Kirchgemeinde St. Thomas gehört das Waldstraßenviertel, das bis 1933 von jüdischen Bürgerinnen und Bürgern geprägt wurde. Anlässlich eines Hausbesuchs in einem der vielen nichtsanierten Bürgerhäuser fiel mir auf, dass in einigen Zargen der Eingangstüren auf Augenhöhe ein faustgroßes Loch im Holz zu sehen war. Der Grund war schnell ausgemacht: Hier wohnten jüdische Familien, die über der Klingel eine Mesusa befestigt hatten. Diese war spätestens 1938 von Nazi-Schergen, aber vielleicht auch von Nachmietern, herausgebrochen worden.

Im Jahr 1993 habe ich mich dann intensiver mit der Frage beschäftigt, wie es mit der Israelitischen Religionsgemeinde Leipzig weitergehen soll. 1992 gehörten ihr 42 Mitglieder an. Für mich war es erschütternd, dass in der Reichspogromnacht am 9. November 1938 die Hauptsynagoge in der Gottschedstraße, bei deren Einweihung 1855 der Thomanerchor gesungen hatte, niederbrannte und abgerissen wurde, während das Leben in der Thomaskirche, gerade 150 Meter entfernt, im Feuerschein der Zerstörung weiterging, als wäre nichts geschehen. Darum habe ich zunächst den Gedanken verfolgt, dass auf dem Grundstück in der Gottschedstraße eine neue Synagoge oder zumindest ein jüdisches Lebenshaus gebaut werden sollte.

Ich stand der jetzigen, sehr gelungenen und würdigen Gedenkstätte zunächst skeptisch gegenüber. Erst als sich abzeichnete, dass dieses »Lebenshaus« in der Hinrichsenstraße 14 entstehen soll, habe ich meinen Einsatz für einen Bau in der Gottschedstraße aufgegeben – und mich dann von Herzen gern an der Gründung des Vereins Synagoge und Begegnungszentrum Leipzig e.V. beteiligt und den Vorsitz im Kuratorium übernommen. In der nach dem jüdischen Verleger Henri Hinrichsen (Musikverlag Peters) benannten Straße hatte die Familienstiftung Ariowitsch Anfang der 30er Jahre des vorigen Jahrhunderts ein jüdisches Altersheim gebaut, das nach der Verschleppung der Einwohner ins KZ Theresienstadt 1942 von der Gestapo okkupiert und missbraucht wurde, ehe es nach dem 2. Weltkrieg wieder zu einem städtischen Altersheim wurde.

Dass die Wiederherstellung jüdischen Lebens eine wichtige Aufgabe der christlichen Gemeinde ist, gehört für mich seit Beginn meiner beruflichen Tätigkeit zum MUSS kirchlicher Aktivitäten – ebenso wie die Notwendigkeit, nach Auschwitz die christliche Verkündigung einer kritischen Revision zu unterziehen. Darum war ich sehr froh, dass auf Initiative des damaligen, 2004 verstorbenen Superintendenten Johannes Richter und des Leiters des Synagogalchores Leipzig, Kammersänger Helmut Klotz, seit 1978 in jedem Jahr am 9. November ein Gedenkgottesdienst zusammen mit der Israelitischen Religionsgemeinde in der Thomaskirche veranstaltet wird. So wird an bedeutender Stelle ein sehr wesentlicher Beitrag zur Aussöhnung zwischen Christen und Juden geleistet, die Überwindung antisemitischen Denkens auch in der Theologie angemahnt und vor dem wachsenden Rechtsextremismus gewarnt – und vor allem für die Förderung jüdischen Lebens in Leipzig geworben. Dabei sind für mich zwei Dinge ganz wesentlich:

- Die Trümmer der Synagogen sind die Ursache für die im letzten Weltkrieg in Schutt und Asche gelegten Kirchen. Bevor wir uns über den Wiederaufbau zerstörter Kirchen den Kopf zerbrechen, müssen wir alles tun, damit die wachsenden jüdischen Gemeinden in den Städten Synagogen und Gemeindehäuser erhalten. Insofern war es zwingend, dass mit dem Wiederaufbau der Dresdner Frauenkirche auch die Synagoge neu errichtet wurde. Und ebenso ist es richtig, dass das Begegnungszentrum vor der neuen Universitätskirche fertig gestellt wurde.
- Für die Bautätigkeit und deren Finanzierung sind nicht die jüdischen Gemeinden allein verantwortlich, sondern sie sind Pflicht der Städte bzw. der Bürgerinnen und Bürger. Denn diese waren es, die die Zerstörung zugelassen haben. Das mag heute nicht sofort einleuchten, aber wir stehen hier in einer historischen Verantwortung.

Diese zu vermitteln, ist in einer Stadt wie Leipzig, deren Bevölkerung zu fast 80 % nicht religiös orientiert ist, eine riesige Herausforderung. Hinzu kommt, dass die offizielle Politik der SED nachhaltige Wirkung zeigt. Denn das Leben der jüdischen Gemeinden wurde während der DDR-Zeit noch mehr marginalisiert als das der Kirchen. Ja, es wurde bewusst ausgetrocknet. Auch trug die einseitige Positionierung der DDR im sog. antizionistischen Kampf pro Palästinenser und kontra Staat Israel dazu bei, dass in Ostdeutschland das Thema Juden mehr oder weniger tabuisiert war und über diese politische Ausrichtung der Antisemitismus sich schleichend weiter entwickeln konnte. Das ist der Grund, warum der Bau des Begegnungszentrums der Israelitischen Religionsgemeinde in der Hinrichsenstraße 14, aber auch die Pflege der großen Tradition jüdischen Lebens in Leipzig nicht zu den TOP-Themen der Stadt Leipzig gehören. Ich weiß, dass diese Einschätzung in Leipzig nicht gerne gehört wird. Aber es hilft nichts, davor die Augen zu verschließen. Mich hat es erschüttert, aber gleichzeitig nicht verwundert, dass vor einigen Jahren bei einer Veranstaltung in der Alten Handelsbörse über den Kinderarzt Dr. Ludwig Frankenthal (1944 von den Nazis ermordet) ein ca. 60-jähriger Mann aufstand und bekannte, dass er im Waldstraßenviertel groß geworden sei, Jahrzehnte dort gelebt habe und jetzt wieder da wohne. Aber dass dieses Viertel das Zentrum jüdischen Lebens gewesen sein soll, habe er erst jetzt erfahren. Und als es in der Diskussion um die Frage ging, ob es denn nicht heute Aufgabe der Ärztekammer sei, die Dokumentation und historische Aufarbeitung jüdischer Arztfamilien zu finanzieren und damit zu ermöglichen, reagierten anwesende Ärzte mit Unverständnis. Das übrigens korrespondiert mit einem anderen niederschmetternden Erlebnis: Als am 188. Geburtstag von Felix Mendelssohn, 3. Februar 1997, der Glaskünstler Hans-Gottfried von Stockhausen seinen Entwurf für das neue Mendelssohn-Fenster in der Thomaskirche im Rahmen einer öffentlichen Veranstaltung vorstellte, stürmte eine Gruppe von jungen Menschen in die Thomaskirche, blieb auf der Höhe der Kanzel stehen und schrie laut in den Kirchenraum drei Mal: Sieg Heil. Nach einem Moment gespenstischer Stille rannten sie wieder aus der Kirche.

Diese Eindrücke zeigen, vor welchen Aufgaben und Herausforderungen wir nach wie vor stehen, wie notwendig also ein Begegnungszentrum ist, das Geschichte lebendig macht. Und gleichzeitig erklärt dies, warum es so schwer ist, dass Thema Begegnungszentrum in der Leipziger Bevölkerung zu kommunizieren. Das zeigte sich auch bei der Spendenakquise, der ich mich als Kuratoriumsvorsitzender besonders widmete. Es besteht leider kein Konsens, auch nicht bei den meisten infrage kommenden Sponsoren, dass das Projekt Begegnungszentrum eben nicht eines von vielen Vorhaben ist, für die Spenden gesammelt werden – wie Zoo, Thomaskirche oder Aktion Bärenherz, und da gewichtet dann jeder, wie er es für richtig hält. Meines Erachtens gibt es in Sachen Begegnungszentrum eine Verpflichtung für uns alle, dieses finanziell zu ermöglichen und jetzt zu erhalten. Hier darf sich niemand seiner Verantwortung entziehen. Gott sei Dank wird dies auf der politischen Ebene von Stadt und Land so gesehen. Leider mangelt es noch an einer Entsprechung in der Leipziger Bürgerschaft.

Darum konnten die Einsprüche von Anwohnern gegen den Bau des Begegnungszentrums nicht überraschen. Dennoch war es empörend, wie unverhohlen antisemitisch vor allem zwei Nachbarn der Hinrichsenstraße 14 bei ihren juristischen Einsprüchen argumentiert haben. Leider führten die Klagen, die vor dem Oberverwaltungsgericht Bautzen verhandelt und schließlich abgewiesen wurden, zu erheblichen Bauverzögerungen. Diese waren mit Mehrkosten in sechsstelliger Höhe verbunden. Man muss sich in Erinnerung rufen: Im Oktober 2002 sollte mit dem vom Architekturbüro Weis & Volkmann entworfenen Bau begonnen werden, tatsächlich war der erste Spatenstich dann im April 2006. Mein Protest gegen die Bauverzögerung im Januar 2004 im »Thomasbrief«, versehen mit dem Vorwurf des Antisemitismus gegen die Kläger, durch den die Angelegenheit wieder ins Bewusstsein der Öffentlichkeit gelangte, lag da auch schon zwei Jahre zurück. Immerhin machte dieser Protest öffentlich, was Insider wussten: Wenn jetzt nicht öffentlicher Druck aufgebaut wird, droht das Projekt in den Mühlen der Gerichtsbarkeit zu verenden mit verheerenden Folgen für die Stadt Leipzig. Positiv war, dass durch den Protest die Bewohnerinnen und Bewohner des Waldstraßenviertels endlich über das Begegnungszentrum diskutierten. Im März 2004 kam es zu einer eindrucksvollen Bürgerversammlung und im Juni 2005 dann zu einem Ereignis von historischer Bedeutung: einem Bürgerfest, veranstaltet von der Israelitischen Religionsgemeinde, auf dem Gelände des Begegnungszentrums – die erste öffentliche Veranstaltung der jüdischen Gemeinde seit 1933!

Wenn ich auf die vergangenen 19 Jahre und ihre Konflikte zurückblicke, steht am Anfang die große Freude darüber, dass die Israelitische Religionsgemeinde wächst (sie hat inzwischen über 1.300 Mitglieder) und mit der renovierten Synagoge in der Keilstraße und dem Ariowitsch-Haus über angemessene Räumlichkeiten verfügt. Dass das Projekt Begegnungszentrum dennoch von so vielen Problemen begleitet wurde, liegt in der Geschichte begründet. Die Vernichtung jüdischen Lebens kam nicht über Nacht. Und wir spüren heute an vielen Stellen, wie viel wir in Deutschland noch lernen müssen, um uns wirklich begegnen zu können. Aber dieses Lernen setzt voraus, *dass* wir uns begegnen! Insofern ist es wunderbar und ein Zeichen großer Versöhnungsbereitschaft der Israelitischen Religionsgemeinde, dass sie ihr Gemeindehaus als Begegnungszentrum konzipiert und für die Bürger der Stadt öffnet. Nun können wir nur hoffen und beten, dass sich das Begegnungszentrum in der Hinrichsenstraße 14 weiter zu einem Ort entwickelt, an dem Menschen mit unterschiedlichen religiösen Überzeugungen zusammenkommen, um das zu lernen und zu praktizieren, was für das Zusammenleben in der Stadt unerlässlich ist: Shalom – Frieden. Die ersten beiden Jahre zeigen Gott sei Dank, dass das Ariowitsch-Haus zu einem ganz wichtigen Ort der Begegnung im Waldstraßenviertel geworden ist – nicht zuletzt dank der rührigen Arbeit von Küf Kaufmann, dem Vorsitzenden der Israelitischen Religionsgemeinde Leipzig.

Die Marke: Ich – und der Geist Gottes

Predigt über Johannes 3,1–15 am Sonntag Trinitatis 19. Juni 2011 (Gottesdienst in der Ordnung der Bachzeit im Rahmen des Bachfestes 2011)

Johann Sebastian Bach
(1685–1750, Thomaskantor 1723–1750)
Es ist ein trotzig und verzagt Ding
Kantate zum Trinitatisfest, BWV 176

1 *Es war aber ein Mensch unter den Pharisäern mit Namen Ni-*
kodemus, einer von den Oberen der Juden. 2 *Der kam zu Jesus*
bei Nacht und sprach zu ihm: Meister, wir wissen, du bist ein Leh-
rer, von Gott gekommen; denn niemand kann die Zeichen tun,
die du tust, es sei denn Gott mit ihm. 3 *Jesus antwortete und*
sprach zu ihm: Wahrlich, wahrlich, ich sage dir: Es sei denn, dass
jemand von Neuem geboren werde, so kann er das Reich Gottes
nicht sehen. 4 *Nikodemus spricht zu ihm: Wie kann ein Mensch*
geboren werden, wenn er alt ist? Kann er denn wieder in seiner
Mutter Leib gehen und geboren werden? 5 *Jesus antwortete:*
Wahrlich, wahrlich, ich sage dir: Es sei denn, dass jemand gebo-
ren werde aus Wasser und Geist, so kann er nicht in das Reich
Gottes kommen. 6 *Was vom Fleisch geboren ist, das ist Fleisch;*
und was vom Geist geboren ist, das ist Geist. 7 *Wundere dich*
nicht, dass ich dir gesagt habe: Ihr müsst von Neuem geboren
werden. 8 *Der Wind bläst, wo er will, und du hörst sein Sausen*
wohl; aber du weißt nicht, woher er kommt und wohin er fährt.
So ist es bei jedem, der aus dem Geist geboren ist. 9 *Nikode-*

mus antwortete und sprach zu ihm: Wie kann dies geschehen?
10 *Jesus antwortete und sprach zu ihm: Bist du Israels Lehrer und*
weißt das nicht? 11 *Wahrlich, wahrlich, ich sage dir: Wir reden,*
was wir wissen, und bezeugen, was wir gesehen haben; ihr aber
nehmt unser Zeugnis nicht an. 12 *Glaubt ihr nicht, wenn ich*
euch von irdischen Dingen sage, wie werdet ihr glauben, wenn ich
euch von himmlischen Dingen sage? 13 *Und niemand ist gen*
Himmel aufgefahren außer dem, der vom Himmel herabgekom-
men ist, nämlich der Menschensohn. 14 *Und wie Mose in der*
Wüste die Schlange erhöht hat, so muss der Menschensohn erhöht
werden, 15 *damit alle, die an ihn glauben, das ewige Leben*
haben.
Johannes 3,1–15

Dass es mit dem eigenen ICH »*ein trotzig und verzagt Ding*« ist, das gestehen wir uns – wenn überhaupt – nur des Nachts ein – dann, wenn wir abseits aller Selbstdarstellung auf uns selbst geworfen sind und spüren, wie kümmerlich sich unser Dasein ausnimmt. Tagsüber wollen wir zeigen, dass wir frei sind von allen Selbstzweifeln. Da setzen wir uns in Szene. Das ist auch das Ziel des diesjährigen »Wissensforum« der »Süddeutschen Zeitung« unter dem Motto »*Von den Besten profitieren*«. Sog. Erlebnisvorträge über die »*Körpersprache der Erfolgreichen*«, den »*perfekten Tag*« und »*Führung, die wirkt*« sollen zum Funktionieren der Führungskräfte beitragen. Eine der Besten ist Caroline Krüll, mit dem schönen Beruf »Ich-Coach«. Sie spricht zum Thema »*Die Marke: Ich*«. Da passt es, dass 86 % derer, die sich in Sachsen als konfessionslos bezeichnen, vor allem an eines glauben: an sich selbst. Doch führt der Glaube nur an sich selbst nicht gerade in die Überforderungsspirale, an deren Ende das steht, was wir als Burnout diagnostizieren – also die Trockenlegung des Ich? Da zeugt es von einer tiefen Menschenkenntnis, wenn Marianne von Ziegler ihr Libretto für die Trinitatis-Kantate mit dem Gedanken beginnt, dass das Kreisen um das eigene Herz ein *»trotzig und verzagt Ding«* ist. Denn wer sein Ich ohne ein Gegenüber zu Gott versteht, der wird gerade in Krisenzeiten erleben, als wie brüchig sich das eigene Selbstbewusstsein erweist und wie schnell wir erschöpft von uns selbst sind.

Wollte Nikodemus nur einmal Urlaub von seinem Selbst nehmen, als er versuchte, des nachts Jesus zu treffen – so wie die junge Frau, die am vergangenen Pfingstwochenende nach Leipzig gekommen war, um beim Wave Gothik Treffen aus sich selbst auszusteigen, und darum in die diffus-schwarze Welt gruftig-morbider Treffen abtauchte. Ob sie wie die anderen 23.000 schrill verkleideten Waver dort das fand, was der Alltag nicht mehr hergibt: nämlich sich fallen zu lassen, um dann zu schauen, ob eine Macht die Schwerkraft zu überwinden vermag und der Fuß eben nicht an einen Stein stoßet (Psalm 91,11.12)? Bedarf es dieser schwülen Nächte, um nicht nur den geheimen Sehnsüchten nachzugehen, sondern auch zu den entscheidenden Fragen des Lebens vorzudringen, weil der Alltag uns Menschen anödet und unsere Herzen hart und eng macht? Sicher scheint zu sein: bei Tage – so jedenfalls wird es im Bass-Rezitativ der Bach-Kantate angedeutet – bei Tage sind wir Menschen nicht in der Lage, uns der Wahrheit zu stellen:

Ich fürchte, dass bei Tage
Mein Ohnmacht nicht bestehen kann.

Bei Tage müssen wir funktionieren, unserer Rolle gerecht werden. Bei Tage dürfen wir keine Schwächen zeigen. Da können wir uns nicht lange aufhalten mit Fragen der Sinngebung, die wir gerne der Glaubenswelt zuordnen und den Sonntagsrednern überlassen. Bei Tage ist kaum jemand bereit zuzugeben, dass er sich ohnmächtig fühlt – und wenn, dann ist er nicht geeignet für das raue Geschäft des Kampfes um den Erfolg.

Doch in der Nacht steigen sie auf, die bohrenden Fragen und der Zweifel am Sinn des Lebens. Spätestens dann, wenn wir in Schweiß gebadet aufwachen oder nicht einschlafen können, müssen wir uns ihnen stellen. So ergeht es auch Nikodemus. Er nähert sich des nachts Jesus und macht diesem – seine tiefe Verunsicherung überspielend – zunächst ein Kompliment:

Meister, wir wissen, du bist ein Lehrer, von Gott gekommen; denn niemand kann die Zeichen tun, die du tust, es sei denn Gott mit ihm.

Doch Jesus lässt sich davon nicht beeindrucken. Er geht auf die theologische Anmache überhaupt nicht ein und lenkt mit seiner Antwort den Nikodemus auf sich selbst zurück:

Ich versichere dir: Nur wer von Neuem geboren wird, kann in Gottes neue Welt kommen.

Mit dieser, mehrfach wiederholten Antwort gibt Jesus zu erkennen, dass er die Absicht des Nikodemus durchschaut. Nikodemus sucht einen neuen Halt, er sucht Glaubens- und Heilsgewissheit. Das, womit er groß geworden ist, das reicht ihm nicht mehr. Die ganzen Litaneien von auf Erfolg getrimmter Wohlanständigkeit bürgerlichen Lebens und die theologischen Richtigkeiten hat er satt. Darum benennt Jesus das Thema, das Nikodemus noch gar nicht anzusprechen wagte: Wenn du neue Orientierung finden willst, wenn du danach fragst, was Gott mit dir vorhat abseits aller Fremdbestimmung, dann kommst du an mir nicht vorbei. Und wenn du es mit mir zu tun bekommst, dann geht es vor allem um dich, um dein Leben, um die zukünftige Gestaltung deiner Existenz.

Nikodemus, ganz der Intellektuelle, übernimmt mit seiner Rückfrage wieder die Rolle des Tag- und Tatmenschen:

Wie kann ein erwachsener Mensch noch einmal geboren werden, wenn er alt ist? Kann er denn wieder in seiner Mutter Leib gehen und geboren werden?

In dieser eher ironisch erscheinenden Frage steckt ein uns sehr vertrauter Zweifel: Einen wirklichen Neuanfang, eine wirkliche Stunde Null gibt es nicht. Wir sehnen uns zwar danach, aber letztlich ist es unmöglich, unsere Geburt zu wiederholen – mit dem Ziel, noch einmal zu beginnen und dann alles ganz anders zu machen. Denn gegen die getroffenen Festlegungen, gegen die bisherige Geschichte unseres Lebens kommen wir nicht an. Jeder und jede hat eine eigene Biographie, eine Vergangenheit. Die lässt sich nicht einfach überspringen, wegdrücken, ausradieren. Ja, unsere Geschichte – geprägt von Eltern, von Erzieherinnen und Lehrern, von den politischen, kulturellen und wirtschaftlichen Verhältnissen – holt uns immer wieder ein. Und wir machen beide Erfahrungen: der Frust darüber, wie wenig wir uns tatsächlich ändern können, wie wir weder aus unserer Haut fahren, noch dem eigenen Fleisch entrinnen können. Aber gleichzeitig sind wir auch für vieles, was uns geformt hat, was wir im Leben erreicht haben, dankbar. Und schließlich geht vieles durcheinander: Wir beharren auf dem, was wir verändern müssten, und werfen das über Bord, worauf wir stolz sein könnten. Bei Nikodemus kommt noch eines hinzu: Er hat eigentlich keinen Grund, mit seinem Leben unzufrieden zu sein. Er ist erfolgreich, angesehen und klug. Warum soll er eine neue Existenz annehmen? Darin ist Nikodemus so vielen Menschen gleich, die heute jede Beziehung zum Glauben verloren haben (oder nie haben aufbauen können), und das eben nicht als Mangel empfinden. Vielleicht kennen einige inzwischen die Antwort eines jungen Ostdeutschen auf die Frage, ob er religiös sei: *»Nein, ich bin normal.«* Aber was, wenn uns nachts die ganze Banalität eines *»Wissensforum«* bewusst wird und wir die alles vernebelnden *»Geheimwaffen der Kommunikation«* (so der Titel eines weiteren Vortrages) beiseitelegen und uns der Begrenztheit des Ich ungeschminkt stellen?

Die sehr lange und verschlungene Antwort Jesu auf das Anliegen des Nikodemus können wir so zusammenfassen: *Die Erfüllung deines Lebens hast du nicht selbst in der Hand.* Erst in der Öffnung zum neuen Leben, in der Annahme des Glaubens an Jesus Christus, in der Kraft des Heiligen Geistes beginnt sinnvolles Leben. Das ist auch die Botschaft der Motette *»Jesu, meine Freude«*, die wir nachher hören werden. Es ist kein Zufall, dass Thomaskantor Biller gerade diese

Motette der Kantate gegenüberstellt, geht es doch auch in ihr um die neue Existenz in Christus. Deswegen:

Wundere dich nicht, dass ich dir gesagt habe: Ihr müsst von Neuem geboren werden.

Das gilt es zu beachten: Ich *werde* geboren – ich kann mich nicht selbst gebären. So wie ich mein eigenes Leben nicht durch mich selbst erworben habe, nicht mir selber verdanke, so ist auch die Wiedergeburt kein Willensakt von mir, sondern eine Tat des lebendigen Gottes – ein Wunder. Es ist der Geist Gottes, der meinem Fleisch neues Leben einhaucht. Dadurch wird ein neuer Mensch geschaffen, der nicht mehr allein durch das bestimmt wird, was durch die Herkunft vorgegeben ist. Jesus knüpft damit an die alte Schöpfungsgeschichte an: So wie Adam, der zum Lebewesen geformte Erdklumpen, erst durch den Odem, den Atem Gottes, aus einem Zufallsprodukt der Evolution zu einem einzigartigen Menschen wurde, so findet jeder Mensch durch erfahrene Liebe Gottes zur Erfüllung des Lebens, zu seinem Ich, gesegnet mit Recht und Würde.

Kein Zweifel: Diese Sicht des Lebens steht zunächst ziemlich quer zum Mainstream unserer Gesellschaft. Dort wird uns vorgegaukelt, dass wir uns ständig selbst neu erfinden können, indem wir vor allem die Marke ICH, das eigene Fleisch: Körper, Schönheit, Jugend, Erfolg pflegen – und wer da nicht mithalten kann, hat schlechte Karten. Natürlich ist es richtig, dass jeder Einzelne mit seinem Leben sorgsam und behutsam umgeht und seine Gaben und Begabungen einsetzt und auch auf Äußerlichkeiten achtet. Aber es bleiben Fragen: Verfüge ich über eine andere Quelle als mein Ich, aus der ich schöpfen und neues Leben gewinnen kann? Kenne ich Gott als vertrauensvolles Gegenüber, dem ich mich verantwortlich weiß? Und lasse ich zu, dass Gottes Geist in mir Wohnung nehmen kann?

Wie kann der Geist Gottes in mir so wirksam werden, dass ich neu anfange? Nikodemus stellt diese Frage, die auch uns unter den Nägeln brennt:

Wie kann dies geschehen?

Jesus reagiert darauf lapidar:

Bist du Israels Lehrer und weißt das nicht?

Heute würde Jesus sagen: Ihr seid doch getauft. Ihr müsstet doch wissen, dass ihr mit der Taufe hineingeboren werdet in die Gemeinschaft derer, die ihr Leben nach der Botschaft des Jesus von Nazareth ausrichten wollen, und dass dies ein langsamer Prozess des Wachstums ist. Ihr habt doch Konfirmanden- und Religionsunterricht genossen, ihr besucht doch auch ab und zu Gottesdienste und Konzerte zumindest in der Weihnachts- und Festivalzeit – dann tut doch bitte nicht so, als wüsstet ihr nicht, dass Glauben auch etwas mit Lebenswandel, mit Verantwortung, mit einem Bewusstsein von der einen Welt Gottes zu tun hat! Natürlich verändert sich die Anschauung der Welt und meiner selbst, wenn ich aus den Quellen des Glaubens schöpfe. Natürlich lassen sich mit dem Glauben bestimmte Dinge nicht mehr rechtfertigen: Krieg in jeder Form, Menschenfeindlichkeit und Rassismus, die Anmaßung, durch Todesstrafe und Nützlichkeitserwägungen über das Ende des Lebens bestimmen zu können. Und natürlich weitet sich der Blick, wenn ich Gottes Geist wirken lasse und über den Tellerrand dieser Welt in seine neue Welt schaue.

Ermuntert euch, furchtsam schüchterne Sinne,
Erholet euch, höret, was Jesus verspricht:
Dass ich durch den Glauben den Himmel gewinne.

In der Alt-Arie der Kantate wird die gleiche Widerständigkeit des Glaubens beschworen wie in der Motette »Jesu, meine Freude«. Sie erwächst daraus, dass Gottes Geist in uns Wohnung nimmt. Dadurch können wir den Himmel gewinnen – und gleichzeitig so bodenständig, so klar bei Verstand bleiben wie ein

Nikodemus – wohl wissend, dass wir uns dabei immer in der Spannung bewegen, die Jesus so beschreibt:

Was vom Fleisch geboren ist, das ist Fleisch; und was vom Geist geboren ist, das ist Geist.

Leider wurde dieser Dualismus von Fleisch und Geist über Jahrhunderte als Rechtfertigung von Leibfeindlichkeit missbraucht. Doch gemeint ist mit dem griechischen Wort σαρξ weniger das Fleisch im Sinne von Körperlichkeit als die »Materie«; und das Wort Geist soll bei uns die selbstkritische Frage auslösen: In welchem Geist leben wir? Damit wird ein sehr aktuelles Problem angesprochen: Geben wir uns zufrieden mit einem Leben, das sich allein auf die Befriedigung der materiellen Bedürfnisse beschränkt, oder erkennen wir die Notwendigkeit, unsere Lebensinhalte vom Geist Gottes bestimmen zu lassen? Und nun können wir die möglichen Antworten politisch, gesellschaftlich, kulturell durchbuchstabieren. Ich will mich auf einen Aspekt beschränken. Gerade beim Bachfest gilt es immer und immer wieder zu betonen, dass auch das, was unter den Noten steht, der Text, von größter Bedeutung ist. Darum begehen wir im nächsten Jahr nicht irgendein Jubiläum, sondern wir bekennen uns aus Anlass des 800-jährigen Bestehens von Thomaskirche, Thomanerchor und Thomasschule zur bleibenden Aufgabe, Glauben zu leben, Musik und Kultur zu gestalten, Menschen zu bilden. Nichts davon ist erledigt – auch nicht der Glaube, die Substanz der geistlichen Musik. Natürlich hat die Universalität der Musik Bachs etwas mit ihrem Inhalt zu tun! Irgendwann werden das auch die säkularistischen Ignoranten in den Feuilletons begreifen, die immer noch meinen, dass der Verkündigungscharakter der Musik Bachs etwas ist, wovon man sich emanzipieren müsse, oder die geflissentlich alles übergehen, was beim Bachfest an gottesdienstlicher Musik aufgeführt wird – und die sich darin mit den Neutralisten aller Couleur die Hände reichen können. Sie wollen ja auch möglichst alles, was mit Kirche zu tun hat, aus dem öffentlichen Raum heraushalten bzw. verdrängen (wie zum Beispiel die Bachkantate aus dem MDR Figaro Programm zur angemessenen Zeit). Vielleicht sollten wir einmal darüber nachdenken, dass zur historischen Aufführungspraxis nicht nur die Darmsaiten und Tempi gehören, sondern auch das Originalformat für die Musik: der Gottesdienst. Eigentlich müssten John Elliott Gardiner, Ton Koopman, Philippe Herreweghe fordern, die Kantaten Bachs in Gottesdiensten in der Thomas- und Nikolaikirche aufführen zu können. Und im Gegenzug müssen wir uns als Kirche verpflichten, auch der Professionalität der Musik in dem zu entsprechen, was uns am Herzen liegen muss: die Liturgie, die Predigt, die Musik – und vor allem ein glaubwürdiges Zeugnis im Alltag des Lebens.

Also hören wir auf, der Musik ihren Geist zu berauben. Denn wir entziehen damit auch dem Leben den Geist. Und täusche sich niemand: dass wir heute in so vielen Bereichen unserer Gesellschaft Missstände beklagen, dass es so viele Selbstdarstellungsriesen gibt, die sich aber als Seelenzwerge entpuppen, hat auch etwas damit zu tun, dass der Dualismus, die Trennung von Fleisch und Geist, gerade von denen praktiziert wird, die ihr Treiben nicht kritisch infrage gestellt sehen wollen durch ein Gegenüber: den Geist Gottes. Da wird dann der scharfe Unterton der Bemerkung Jesu sehr aktuell:

> Wir reden, was wir wissen, und bezeugen, was wir gesehen haben; ihr aber nehmt unser Zeugnis nicht an.

Ja, mancher Zeitgenosse, vor allem in den Medien, möchte das Wertvolle der Glaubenstradition im Orkus der Geschichte verschwinden lassen, ohne ein neues Fundament zu bieten, und verhält sich gerade so wie die Schlangen, die nur zubeißen und ihr tödliches Gift versprühen können. Da lasst uns doch lieber aufschauen auf die von Mose in der Wüste aufgerichtete bronzene Schlange – deren Heilszeichen sich im gekreuzigten und im erhöhten Christus wiederfindet. Da lasst uns dann doch lieber zu der Erkenntnis des Nikodemus gelangen, dass es auf Dauer ohne die Blickrichtung auf das Ganze, auf Jesus Christus nicht geht. Nikodemus zieht sich ja weder in ein religiöses Innenleben zurück noch lässt er den lieben Gott einen guten Mann sein. Vielmehr begegnen wir ihm im Johannesevangelium noch zwei Mal:

- einmal im Sitzungszimmer des Hohen Rates, der über Jesus zu Gericht saß (vgl. Johannes 7). Nikodemus weigert sich, Jesus vorschnell zu verurteilen.
- Und dann wird berichtet, dass Nikodemus zusammen mit Josef von Arimathäa für ein würdiges Begräbnis des Leichnams Jesu Sorge trägt und dazu eine Mischung aus Myrrhenharz und Aloe, etwa 100 Pfund (vgl. Johannes 19), stiftet.

All das zeigt: Nikodemus ist seit der Nacht von Jesus und seiner Botschaft nicht mehr losgekommen, obwohl er dort kein dramatisches Bekehrungserlebnis erfuhr. Er blieb der alte, höflich fragende Intellektuelle, der auch nicht viel stärker war als die Verhältnisse, die ihn prägten. Und doch hatte sich in seinem Leben Entscheidendes geändert. Denn an ein paar Stellen handelte er anders, als man es von ihm erwarten konnte. An ein paar Stellen war zu spüren, dass Gottes Geist in ihm wirkte: das »*trotzig und verzagt Ding*«, sein Ich, verwandelte sich in eine Widerständigkeit, die »*dem alten Drachen*« trotzen konnte. An ein paar Stellen also handelte er richtig und bestätigte dadurch das, was Jesus sagt:

Der Wind bläst, wo er will, und du hörst sein Sausen wohl; aber du weißt nicht, woher er kommt und wohin er fährt. So ist es bei jedem, der aus dem Geist geboren ist.

Wir sollten froh sein um jeden Nikodemus unter uns, um jeden, der sein Nur-Ich verlässt und dann durch Gottes Geist befreit sich selbst und den Nächsten und das gemeinschaftliche Leben erneuert. Amen.

… und kein Ende

Zwei Mal sollte meine Tätigkeit als Pfarrer an der Thomaskirche jäh zu Ende gehen: 1997 entdeckte das sächsische Landeskirchenamt (LKA) plötzlich, dass in Sachsen 200 Pfarrer und Pfarrerinnen zu viel beschäftigt sind. Und da kam man auf die Idee, als Erstes die sechs aus Westdeutschland gekommenen Pfarrer wieder nach Hause zu schicken. Nun war ich der Einzige unter den sechs, der sich aus einer langjährigen Gemeindetätigkeit in der Badischen Landeskirche auf eine Pfarrstelle in Sachsen beworben und diese in einem ordentlichen Verfahren auch übertragen bekommen hatte – wenn auch nur befristet. Denn 1992 wurde meine Anstellung auf Empfehlung der Badischen Landeskirche erst einmal auf dem Wege der Beurlaubung vorgenommen – auch weil die Badische Kirche sich bereit erklärt hatte, meine Altersversorgung und die Krankenkasse weiter zu finanzieren (ebenso auch den Umzug nach Leipzig). Zum damaligen Zeitpunkt war noch nicht geklärt, welchen Status die Pfarrer in der sächsischen Landeskirche haben werden. Der Kirchvorsteher und Theologieprofessor Martin Petzoldt monierte schon bei meiner Einführung, dass ich nur befristet tätig sein solle.

Der Kirchenvorstand habe mich schließlich ohne zeitliche Begrenzung auf die 2. Pfarrstelle gewählt. Anfang 1997 wurde meine Anstellung im Wege der Beurlaubung auf meinen Antrag hin ohne Problem um drei Jahre verlängert. Doch wenige Monate später sollte Schluss sein. Dies führte zu erheblichen Protesten. Nicht nur die aus Westdeutschland stammenden Gemeindeglieder empfanden meine »Kündigung« als Affront, zumal kolportiert wurde, die sechs Westdeutschen würden Pfarrstellen »blockieren«. Auf der einen Seite wurden zu Recht die sog. DiMiDo-Beamten kritisiert, also diejenigen, die zwar in Leipzig ihre Geschäfte machten, aber dort nicht ihren Lebensmittelpunkt hatten, auf der anderen Seite wollte das Landeskirchenamt nun die Beschäftigung eines Pfarrers beenden, der sich vom ersten Tag an als Leipziger und Teil der sächsischen Landeskirche verstand.

Ich gebe zu: Dieser Akt hat mich damals der Landeskirche entfremdet – zumal zunächst jedes Gespräch, um das ich gebeten hatte, verweigert wurde. Lediglich Landesbischof Volker Kreß hat mich dann im November 1997 zu einer Unterredung empfangen. Wenn meine Frau und ich damals nicht volle Rückendeckung von Superintendent Johannes Richter, vom Kirchenvorstand, vielen Gemeindegliedern und aus der Öffentlichkeit erfahren hätten – ich weiß nicht, ob wir in Leipzig geblieben wären. Vor allem der Protest des Thomanerchors hat vieles in Bewegung gebracht.

Thomaskantor Georg Christoph Biller, Geschäftsführer Dr. Stefan Altner und der Erzieher Roland Weise gingen im November 1997 mit einer geharnischten Erklärung an die Öffentlichkeit. Für das LKA war dies eine neue Erfahrung. Denn sie waren gewohnt, dass sie einmal getroffene Entscheidungen weder rechtfertigen, geschweige denn zurücknehmen mussten. Nun stand ich aber auch selbst unter dem Druck, meine Übernahme in den Dienst der sächsischen Landeskirche zu beantragen, um aus der Sackgasse herauszukommen. Das habe ich dann im Januar 1998 getan. Doch wurde dieser Antrag im LKA nicht behandelt. Stattdessen wurde die Beurlaubung im Jahr 2002 (!) bis Anfang 2003 verlängert. Der große Rückhalt in der Kirchgemeinde sowie die gerade begonnene vollständige Renovierung der Thomaskirche, dann aber auch die schwere Erkrankung meiner Frau Ende 1999, haben dazu geführt, dass ich meine Arbeit ohne Blick auf ihre Begrenzung getan habe.

Im Jahr 2002 kam es dann zu einem weiteren Konflikt um meine Weiterbeschäftigung an der Thomaskirche. Im April 2002 wurden die Lutherkirchengemeinde und die Kirchgemeinde St. Thomas-Matthäi zur Kirchgemeinde St. Thomas vereinigt. Gleichzeitig stand eine Entscheidung im neu zusammengesetzten Kirchenvorstand über meine Zukunft an. Zum einen war ich zehn Jahre Pfarrer an der Thomaskirche. Also musste der Kirchenvorstand darüber beraten, ob er weiter mit mir zusammenarbeiten will. Zum andern musste ich mich entscheiden: wieder zurück in die Badische Landeskirche zu gehen oder noch einmal den Antrag auf Übernahme in den Dienst der sächsischen Landeskirche zu stellen – dann aber unter der Perspektive, dass ich bis zu meinem Ruhestand Pfarrer an der Thomaskirche bleiben werde. Der Kirchenvorstand hat mit großer Mehrheit und im Beisein des zuständigen Oberlandeskirchenrates Horst Slesazeck für meinen Verbleib an der Thomaskirche plädiert. Daraufhin habe ich den Antrag auf Übernahme gestellt.

Nun waren diese Entwicklungen davon überschattet, dass sich das Leben meiner Frau aufgrund ihrer Krebserkrankung deutlich dem Ende zuneigte. Insofern gab es für uns überhaupt keine Möglichkeit, zu diesem Zeitpunkt frei über eine mögliche berufliche Veränderung nachzudenken. Auf der anderen Seite lebten wir beide sehr gerne in Leipzig. Und ich war sehr froh darüber, dass meine Frau trotz der Krankheit und der damit verbundenen Einschränkungen nie den Wechsel nach Leipzig bereut hat, sondern mich gerade in dieser Zeit darin bestärkte, in Leipzig zu bleiben. Zunächst sah es so aus, als ob meine Übernahme in den Dienst der sächsischen Landeskirche problemlos beschlossen würde. Doch im Sommer 2002 spitzte sich die Lage zu. Das lag daran, dass der Neubau des Thomasshops anstand – die Verkaufsstätte für Merchandising-Artikel jeder Art und wichtige Finanzierungsquelle der Kirchgemeinde. Bis 2002 war er auf dem südlichen Thomaskirchhof in einem provisorischen Pavillon untergebracht – ziemlich hässlich, aber sehr nützlich. Im Zuge der Umgestaltung des Thomaskirchhofs musste aber der Pavillon weichen. Nach langen Beratungen hatte der Kirchenvorstand sich für eine Lösung im Thomashaus entschieden: Der Thomasshop sollte in der ehemaligen Küche des Thomashauses untergebracht und dafür ein Zugangsbereich durch einen Glaskastenanbau geschaffen werden. Dafür war die Beseitigung der Mauer zwischen Thomashaus und Thomaskirche notwendig. Die städtische Baugenehmigung lag vor, aber die kirchliche wurde uns zunächst verweigert, obwohl alle Auflagen erfüllt waren. Mehr noch: Es wurde ein Planungs- und Baustop ausgesprochen. Strittig aufgrund unterschiedlicher Auslegung der Genehmigungsbehörden waren die Länge des Glaskastens und die Entfernung der Mauer. Weil wir aber unter erheblichem Zeitdruck standen und vorübergehend den Thomasshop in einer der Sakristeien untergebracht hatten, beschloss der Kirchenvorstand, mit der Baumaßnahme zu beginnen. Der Konflikt zwischen Landeskirchenamt (LKA) und Kirchgemeinde eskalierte. Das LKA reagierte in mehrfacher Hinsicht: Zunächst wurde ein vorgesehenes Gespräch zu meiner Übernahme abgesagt. Gleichzeitig wurde der Badischen Landeskirche mitgeteilt, dass meine Tätigkeit Anfang 2003 beendet sei. Die Stadt Leipzig wurde aufgefordert, gemäß dem Staatskirchenvertrag mit einem Polizeieinsatz die weitere Bautätigkeit am Thomasshop zu verhindern. Gegen meinen Kollegen, Dr. Peter Amberg, der absolut solidarisch zu mir stand, und mich wurde ein Disziplinarverfahren eingeleitet. Begründung: Wir hätten den Beschluss des Kirchenvorstands, mit dem Bau des Thomasshops zu beginnen, verhindern müssen. Und schließlich wurde zu einer Sonder-Ephoralkonferenz (Versammlung aller Pfarrerinnen und Pfarrer eines Kirchenbezirks) eingeladen, an der die gesamte Kirchenleitung teilnahm. Offensichtlich sah man in Dresden durch unser Agieren die Grundfesten der sächsischen Landeskirche erschüttert.

Dieser Konflikt hat, auch weil wir ihn öffentlich kommuniziert haben, erhebliches Aufsehen erregt. So schalteten sich die unterschiedlichsten Persönlichkeiten unterstützend ein: Bundespräsident Johannes Rau, Gewandhauskapellmeister Herbert Blomstedt, Thomaskantor Georg Christoph Biller, Dr. Albrecht Schmidt, Vorstandsvorsitzender der HypoVereinsbank, Oberbürgermeister Wolfgang Tiefensee. Damit hatte das LKA große Probleme. Hinzu kam die absurde Situation, dass ich – was meine Zukunft anging – wegen der akut lebensbedrohlichen Krankheit meiner Frau keinerlei Entscheidungen treffen konnte. Ab September 2002 verschlechterte sich ihr Zustand zusehends und ich konnte aufgrund der häuslichen Pflegeanforderungen nur noch eingeschränkt meinen beruflichen Verpflichtungen nachkommen.

Auf der erwähnten Ephoralkonferenz war unter den Kolleginnen und Kollegen zunächst Verständnis für die harte Haltung des Landeskirchenamtes Peter Amberg und mir gegenüber zu spüren. Doch mit zunehmender Dauer und vor allem als ich von besagtem Brief an die Stadt Leipzig berichtete, in dem das LKA forderte, den Weiterbau am Thomasshop mit einem Polizeieinsatz zu verhindern, kippte die Stimmung. – Ich kannte den Brief, weil mich der Baubürgermeister Engelbert Lütke Daldrup darüber informiert hatte. Damit war in den Augen vieler Kolleginnen und Kollegen, auch derer, die mir durchaus kritisch gegenüberstanden, der Bogen überspannt. Aber wie sollte es weitergehen? Wie diesen Konflikt lösen? Ziemlich am Schluss der Ephoralkonferenz meldete ich mich noch einmal zu Wort. Zunächst wollte man mir nicht mehr die Möglichkeit einräumen, noch einmal zu sprechen. Doch da ich drängte, wurde mir doch das Wort erteilt. Ich stellte meinen Anteil am Konflikt selbstkritisch dar – insbesondere den Gang in die Öffentlichkeit. Danach sprach ich den damaligen Superintendenten Ekkehard Vollbach, den ich in den Wochen zuvor massiv angegriffen hatte, direkt an, bat ihn für meine Kritik an seiner Dienstführung um Entschuldigung und erklärte meine Bereitschaft, eine neue Vertrauensbasis zu schaffen. Ich stand auf, ging auf ihn zu (wir saßen im Kreis, er saß mir gegenüber) und reichte ihm die Hand. Einen Moment war es still. Er gab mir kurz seine Hand. Was er sagte, weiß ich nicht mehr. Aber nicht nur ich konnte dies als Beginn eines neuen Weges werten. Damit hatte die Ephoralkonferenz eine Wendung genommen, die niemand vorher einkalkuliert hatte – auch ich nicht.

Wenige Tage später rief mich am Samstag vor der Bundestagswahl 2002 Oberbürgermeister Wolfgang Tiefensee aus seinem Auto an: Ich bin auf dem Weg zu deinen Chefs, teilte er mir mit. Er wolle versuchen, im Gespräch mit Landesbischof Volker Kreß und dem Präsidenten des Landeskirchenamtes, Hans-Dieter Hofmann, eine Lösung zu finden. Und in der Tat: Dieses Gespräch brachte den Durchbruch. Aber noch eines spielte eine große Rolle: Landesbischof Kreß, der meine Arbeit immer anerkannt hatte, bemühte sich sehr um einen Kompromiss. Denn er hatte aufgrund eigener Erfahrung ein seelsorgerisches Gespür für meine persönliche Situation. Und so tat er alles, um auch das LKA zum Einlenken zu bewegen. Nach vielen weiteren Gesprächen und einer von mir zu unterzeichnenden Erklärung mit einer öffentlichen Entschuldigung für meine Provokationen, bei der um jedes Wort gerungen wurde, kam es dann doch noch vor dem Tod meiner Frau zu einer Klärung. Meine Beurlaubung von der Badischen Landeskirche wurde noch einmal verlängert. Danach sollte die Übernahme in den Dienst der sächsischen Landeskirche vollzogen werden. Eine Beurlaubung bis zum Ruhestand, wozu die Badische Kirche bereit gewesen wäre, lehnte die sächsische Landeskirche ab. Hauptgrund: Sie wollte die Disziplinarhoheit über mich ausüben können. Es war für mich eine große Erleichterung, dass meine Frau Dorothea das noch ganz bewusst erleben und auch in dieser Hinsicht getröstet aus dem Leben scheiden konnte. Das Disziplinarverfahren gegen Pfarrer Amberg und mich wurde eingestellt. Der Thomasshop steht seit 2003 und arbeitet sehr erfolgreich – nicht zuletzt für die Kirche. Niemand vermisst die Mauer und im Februar 2005 wurde ich in den Dienst der sächsischen Landeskirche übernommen.

Anfang 2003 habe ich alle Konfliktpartner noch einmal aufgesucht bzw. zu mir eingeladen, um die Sache zu einem Abschluss zu bringen und verbliebene ungute Befindlichkeiten zu überwinden. Diese reinigenden Gespräche sind durchaus gelungen – gerade auch mit Superintendent i. R. Ekkehard Vollbach und mit Landesbischof Kreß. Dafür bin ich allen sehr dankbar. Im Gespräch mit dem damaligen Präsidenten des Landeskirchenamtes, Hans Dieter Hofmann, wurde mir aber noch einmal bewusst, wo die eigentlichen Probleme und Vorbehalte mir gegenüber lagen. Zum einen spürte ich bei ihm wie sonst bei kaum einem anderen Vorbehalte in Blick auf meine westdeutsche

Herkunft. Sie sind so anders und so politisch, sagte er mir. Und: Ich habe die Sorge, dass immer mehr Menschen in unserer Kirche an leitender Stelle tätig sind, die in der sächsischen Tradition nicht beheimatet sind und die sächsische Kirche nicht verstehen. Doch die Vorbehalte hatten sicher noch einen weiteren Grund. Durch den finanziellen Handlungsspielraum, den wir als Kirchgemeinde St. Thomas erreicht hatten, konnten wir relativ unabhängig handeln und Entscheidungen treffen. Außerdem passte damals einigen im LKA das ganze Vermarktungskonzept der Thomaskirche nicht. Das alles hat sich im Verlauf der Jahre geändert. Und noch etwas: Die Leitungsstrukturen der Landeskirche wurden demokratisiert. Denn zunächst habe ich das Landeskirchenamt als sehr autoritär und selbstherrlich handelnd erlebt. In den Vorermittlungen zum Disziplinarverfahren fiel vom juristischen Oberkirchenrat der Satz: Wie die Kirchenverfassung auszulegen ist, das bestimmen wir. Da wurde mir bewusst, dass sich in der Verwaltung der Landeskirche seit den 20er Jahren des vorigen Jahrhunderts wenig verändert hatte. Und was sich unter DDR-Bedingungen durchaus als nützlich erwiesen haben mag – eine starke, in sich geschlossene Leitung, ist nun unter den Bedingungen einer offenen Gesellschaft eher hinderlich. Im unterschiedlichen Agieren der badischen und der sächsischen Landeskirche wurde auch deutlich, was 1968 West bedeutet: eine grundlegende Erneuerung aller gesellschaftlichen Institutionen einschließlich der Kirchen.

Nachdem meine Frau nach einer langen, in Würde und mit Tapferkeit ertragenen Krankheitszeit in den Abendstunden des 22. November 2002 in unserer Wohnung im Dittrichring 12 von allem Leiden befreit wurde, bedeutete dies einen tiefen Einschnitt in meinem Leben. In den Wochen des Abschiednehmens und des Trauerns hatte ich keine klare Vorstellung davon, wie sich mein Leben weiter entwickeln wird. Doch vor ihrem Tod hatte meine Frau ihren Wunsch zum Ausdruck gebracht, ich solle unbedingt in Leipzig bleiben. In Leipzig war ich ja umgeben von vielen Menschen, die mir beistanden und mich ermutigten. An keinem anderen Ort fand ich so viel Trost und Gewissheit wie bei der gottesdienstlichen Musik in der Thomaskirche, insbesondere der von Johann Sebastian Bach. Und schließlich habe ich als Pfarrer das Privileg, spätestens bei der Vorbereitung einer Predigt auch meine persönliche Situation im Gegenüber zur biblischen Botschaft betend zu reflektieren und zu meditieren. Gehalten haben mich aber auch die vielen Verbindungen, die in den Leipziger Jahren entstanden und gewachsen sind. Zum einen war da das Zusammenwirken mit meinem Cousin Christoph Wolff, seit 2001 Direktor des Bach-Archivs. Er war der Erste, den ich 1991 auf die ausgeschriebene Pfarrstelle angesprochen hatte – und nun konnten und können wir gemeinsam viel gestalten, was die Bachstadt Leipzig voranbringt. Zum andern hatte sich seit Mitte der 90er Jahre eine wunderbare Freundschaft zum Pfarrer der Christ The King Lutheran Church in Houston/ Texas, Dr. Robert Moore, und seiner Frau Kathy entwickelt. Houston ist Partnerstadt Leipzigs. Wir pflegen einen regelmäßigen Austausch. Robert Moore hat viele Leipziger Musiker und Ensembles nach Houston eingeladen und sich als glänzender Gastgeber erwiesen. Die engen Beziehungen zwischen den beiden Kirchgemeinden sind eine Säule der Städtepartnerschaft. Sichtbaren Ausdruck fand die Partnerschaft zum 20-jährigen Jubiläum der Friedlichen Revolution: am 11. Oktober 2009 konnte das von der Houston Leipzig Sister City Association (HLSCA) ermöglichte und finanzierte und von dem jungen Leipziger Künstler David Schnell abstrakt gestaltete Friedens-Fenster in der Thomaskirche eingeweiht werden.

Und so wurde ein Neuanfang möglich – nicht nur, dass ich weiter an der Thomaskirche als Pfarrer tätig sein konnte und kann, sondern auch, weil ich in Leipzig eine Frau kennenlernte, mit der ich nun sehr gerne das Leben teile und mit der ich das Zusammenwachsen von Ost und West noch einmal ganz neu zu meistern hatte: Zlata Kaltofen. Sie verlor ihren Mann Gunar Kaltofen, Konzertmeister im Gewandhausorchester, auf ähnlich Weise wie ich meine Frau, nämlich durch eine schwere Krebserkrankung. Mit ihren beiden Söhnen machte sie mir noch ein zusätzliches Geschenk. Zlata ist Tschechin und lebt seit 1970 in Leipzig – meine persönliche Osterweiterung.

Als ich im Sommer 2002 den letzten Urlaub mit meiner verstorbenen Frau in der Schweiz verbrachte, schrieb ich ein Positionspapier für die Kirchgemeinde St. Thomas: »Die nächsten 10 Jahre«. Das war auch Ausdruck meiner Hoffnung, dass uns doch noch eine längere Zeit gemeinsamen Lebens gewährt sein möge und wir in Leipzig bleiben können. Dieses Papier hat die weitere Gemeindearbeit bis heute stark geprägt. Das Formulieren von Zielen ist wie ein Brückenbau zwischen Gegenwart und Zukunft, zwischen denen sonst ein tiefer Graben klafft, in dem vor allem Zuversicht verloren geht. In den vergangenen Jahren habe ich immer wieder dieses Papier aus der Schublade gezogen und dem Kirchenvorstand vorgelegt, um zum einen festzustellen, was wir geschafft haben, und um zum andern zu erkennen: Ein Ende ist nicht absehbar. Wie sollte das auch möglich sein bei einer Kirchgemeinde mit dieser Tradition, einem Kirchgebäude mit dieser zentralen Stellung und einem Chor mit dieser Bedeutung? Wer an einem solchen Ort tätig ist, der lernt sehr bald, sich selbst ein- und auch unterzuordnen. 20 Jahre sind in einem Menschenleben eine lange Zeit, viele erreichen nicht einmal dieses Alter. Aber im Blick auf die 800-jährige Tradition der THOMANA und vor allem im Blick auf Gottes Zeit ist es ein Wimpernschlag, und alles Tun und Lassen bleibt Stückwerk. Doch wenn ich den Actus tragicus, Bach's Kantate »Gottes Zeit ist die allerbeste Zeit« (BWV 106), richtig deute, dann ist auch diese kurze Zeitspanne, wenn wir sie als von Gott geschenkte Zeit ansehen können, die »allerbeste Zeit«. Ich bin froh und dankbar, dass ich so auf die vergangenen Jahre zurückblicken kann – wissend, dass das Thema »Osterweiterung« spätestens mit dem eigenen Sterben eine ganz neue Bedeutung gewinnen wird. So fällt mir als Resümee und Leitgedanke für meine verbleibende berufliche Tätigkeit und mein Leben nichts anderes ein als die zweite Strophe von Martin Rinckarts wunderbarem Choral »Nun danket alle Gott«

Der ewigreiche Gott woll uns bei unserm Leben
ein immer fröhlich Herz und edlen Frieden geben
und uns in seiner Gnad erhalten fort und fort
und uns aus aller Not erlösen hier und dort.